AF386709

Betty Jonas est née en 1965

Elle est mariée, elle a 4 enfants.

Elle est professeur des écoles depuis 30 ans.

Elle exerce principalement en REP.

BETTY   JONAS

# MAL-ÊTRE

# D'UNE PROFESSEURE

# DES ECOLES

Histoire vécue

FSC
www.fsc.org
MIXTE
Papier issu
de sources
responsables
Paper from
responsible sources
FSC® C105338

# Prologue



Professeure des écoles depuis bientôt 30 ans, dans un département pauvre, ma fin de carrière se pointe à l'horizon.

Il est consensuel d'affirmer que le métier d'enseignant implique une vigilance de tout instant, un engagement, une vocation, voire un sacerdoce.

Néanmoins, cette profession, qui me passionnait jusqu'alors, me fait endurer de sérieux problèmes, depuis quelques années, mais je me suis relevée moult fois, fidèle au poste et ragaillardie par ma grande conscience professionnelle.

Désormais, la coupe est pleine et déborde à cause de toutes ces indifférences, ces railleries, ces humiliations que j'ai subies de la part de ma hiérarchie et de certains parents malveillants mais également de certains collègues.

En effet, pendant plus de cinq ans, mon métier m'a occasionné de nombreux problèmes. Il est difficile de s'en sortir indemne. J'en porte, en effet, encore les stigmates, si bien que, quand je relate certains évènements à mes proches, ceux- là même, qui ont presque réduit à néant le plaisir que j'avais d'enseigner, mon visage s'empourpre et mes larmes se déclenchent.

La preuve que malaise il y a.

Je pense que cela dépasse le malaise et, le recul du temps me permet de reconsidérer ces évènements comme traumatiques avec des répercussions post-traumatiques.

Dans mon entourage, on se demande comment j'ai pu supporter cette situation. Je me rends compte maintenant que j'ai absorbé mes larmes comme une éponge, j'ai tenu le coup, j'ai résisté face à toute cette adversité et je souffrais en silence. Me raccrochant peut-être à l'espoir, que, une journée chassant une autre, tout rentrerait dans l'ordre le lendemain.

Dorénavant, je refuse de souffrir en silence. Et, en quête d'un apaisement, j'ai entamé une démarche qui, je souhaite sera salvatrice ; déverser ce flot de maux sur ces pages exutoires. Noircir ces pages de mots me permettra de témoigner de la malveillance voire de la maltraitance de l'Institution à mon égard. Un ouvrage à visée thérapeutique, en somme.

Je voudrais, avant, de commencer mon récit, présenter mes excuses auprès de certains lecteurs qui trouveront mon histoire larmoyante, mais c'est celle que j'ai vécue avec le sentiment d'un mal-être véritable.

Mal-être, que je vais tenter de coucher sur ces pages cathartiques.

# Avant : tout se passait bien, malgré tout.

Avant d'embrasser la carrière de professeure des écoles, j'avais exercé quelques années dans le secteur privé en tant que secrétaire de direction. Mais enseigner était un désir que j'avais depuis l'enfance.

J'avais passé le concours quand ma fille, mon premier enfant, avait trois ans, je l'avais obtenu sans difficulté après une formation par correspondance, ce qui m'avais de permis profiter de ma fille et de n'étudier qu'un an à l'IUFM au lieu des deux réglementaires.

Les IUFM (Institut Universitaire de Formation des Maitres) qui ont remplacé les Ecoles Normales en 1990, dans la cadre de la réforme de Lionel Jospin, ont amené un nouveau corps enseignant, celui de professeur des écoles. Je précise que les IUFM sont devenus des ESPE, puis ont été rebaptisés INSPE dans le souci constant de mieux les intégrer aux universités.

J'entrais, donc à l'IUFM, en 1993, en tant que professeure des écoles stagiaire.  Pendant cette année, j'avais effectué, comme il est demandé, deux stages en responsabilité, dans des écoles.

En effet, à cette époque, les professeurs stagiaires remplaçaient les professeurs titulaires quand eux-mêmes partaient en formation pendant trois semaines dans leur classe. De nos jours, les stages de formation, de longue durée qui permettaient ces échanges, ne se font plus, les jeunes professeurs stagiaires sont directement catapultés dans les classes, en alternance, une semaine sur deux et l'autre semaine, ils sont en classe à l'INSPE. Ainsi, les professeurs stagiaires se partagent une classe, pendant que l'un est en formation, l'autre est en classe et inversement.

Je n'avais rencontré aucune difficulté pendant mes stages de formation, si bien que mes formateurs m'avaient rendu peu de visites.

Pendant un de mes stages en responsabilité de classe, le conseiller pédagogique m'avait reproché une mauvaise gestion du tableau. Devais-je écrire sur un pan du tableau ou sur toute la longueur, attendre que les élèves finissent d'écrire pour effacer, scinder le tableau en deux ou en trois ? ... L'écriture au tableau représentait une tâche difficile pour moi, surtout que je suis menue, et donc je n'utilisais pas du tout la partie haute du tableau, disposant donc de moins d'espace graphique. Je m'étais entrainée sur des lignes d'écriture pour l'améliorer, il fallait que j'écrive droit, lisiblement et assez gros mais pas trop gros non plus.

Ce conseiller pédagogique qui avait été extraordinaire avec moi et il m'avait recommandé de mieux appréhender l'espace du tableau et d'améliorer ma calligraphie, car l'enseignant, selon ses dires, doit rester « un modèle ».

Ce « modèle », j'en ai fait mon crédo et je souscris totalement à cela : la maitresse ou le maitre se doit d'être exemplaire.

C'est pourquoi, en classe, dans mon quotidien de professeure, je m'efforce de rester digne de ma fonction en gardant en tête cette valeur qu'est l'exemplarité.


Comme je l'ai dit précédemment, ma carrière s'est bien déroulée pendant plus de vingt ans.

J'ai eu l'opportunité d'accueillir   dans mes classes, des élèves en difficulté sociale et scolaire, vivant dans la précarité. C'est ce qu'on appelait les Zones d'Education Prioritaire.  (ZEP). Depuis quelques années, on utilise les termes de REP ou de REP + car on y inclut aussi les collèges et les lycées.

J'avais fait mes premiers pas dans l'enseignement en qualité de remplaçante, par choix. Ainsi, pendant sept années, j'avais enseigné dans tous les niveaux de classe de la toute petite section de maternelle au cm2 et cela s'était révélé très formateur.

Au fil de mon parcours professionnel, j'ai enseigné dans des situations peu idéales, sans les moyens dont on dispose aujourd'hui comme internet et les tableaux numériques. Toutes ces nouvelles technologies nous facilitent vraiment la tâche aujourd'hui, dans la mesure où on les maitrise évidemment.

Au cours de ma longue carrière, j'ai été la professeure de plusieurs fratries car les parents m'appréciaient et me réclamaient pour être la maitresse du petit frère ou de la petite sœur.

Il m'arrive encore aujourd'hui de croiser des élèves ou des parents, qui me disent garder un souvenir chaleureux de moi et qui valorisent ma pédagogie.

J'ai accueilli tous les profils d'apprenants dans ma classe : J'ai connu des élèves brillants, sérieux, réservés, bavards, impatients, étourdis, inattentifs, motivés, flegmatiques, appliqués, pas soigneux, désorganisés, et malheureusement en situation de handicap ou très turbulents, agressifs, grossiers, voire violents. Cependant, leur dénominateur commun c'était qu'ils ne m'avaient, jusque-là, jamais manqué de respect. J'étais leur maîtresse.

Mes inspections s'étaient très bien déroulées et débouchèrent sur des rapports laudatifs. J'étais très bien notée du temps où les professeurs l'étaient, car il n'y a plus de notes chiffrées pour évaluer les professeurs, maintenant.

Pendant toute cette longue période ; j'avais essuyé très peu d'anicroches avec les parents, elles se compteraient sur les doigts d'une main.

A ce sujet, j'en garde quelques souvenirs résiduels :

Un jour, un père d'élève m'invectiva lors d'un rendez-vous, parce que j'avais demandé le maintien pour son fils, qu'il avait accepté, mais l'année suivante, il se trouvait toujours dans ma classe et éprouvait toujours des difficultés dans les apprentissages.

Dès que l'homme haussa le ton, le directeur intervint et le calma, lui disant que je n'étais nullement responsable des problèmes de son fils, que je savais ce que je faisais, qu'il fallait me faire confiance.

Cette mésaventure m'avait enseignée qu'il valait mieux ne pas reprendre ses élèves redoublants, l'année suivante.

J'avais aussi eu un heurt avec une maman, dans une autre école, qui avait fait une lecture erronée et sans doute hâtive, d'une phrase commentant un exercice de son fils, la jugeant à tort, péjorative. Elle m'avait prise à partie à la sortie de l'école. Le directeur, voyant que j'étais irritée, me pria de rentrer chez moi et prit le relai avec la maman.

Le lendemain, il m'expliqua qu'il fallait absolument éviter les scandales au sein de l'école ou aux abords de celle-ci, et que dans l'éventualité où un parent me parlerait mal, il convient de garder son calme et redemander un rendez-vous en présence du chef d'établissement.

J'ai pris l'habitude aussi de procéder ainsi quand je veux répondre à des contestations émanant des parents ; tenter de calmer le jeu, ne pas répondre sous l'effet de la colère.

C'était une autre époque, celle où les chefs d'établissement demeuraient disponibles pour temporiser, relativiser et tuer dans l'œuf tout conflit naissant, et pour justifier mon attitude envers les élèves par ma grande conscience professionnelle et l'envie de les voir réussir.

Ainsi, les chefs d'établissement n'hésitaient pas à mettre en avant mon professionnalisme auprès des parents, ce qui avait pour effet de restaurer une relation de confiance et d'étouffer les flammes plutôt qu'attiser le feu.

Ainsi, changer de place un élève en raison d'une mésentente avec son voisin ou une mauvaise visibilité du tableau, contrôler le soir les cartables susceptibles d'être trop lourds, vérifier le matériel, contrôler le port des manteaux et des lunettes, sont autant de doléances banales de parents inquiets auxquelles je concédais afin que les relations avec ces derniers ne s'enveniment pas.

Cela c'était avant ….

Néanmoins, tout n'avait pas été rose et je dois avouer qu'en début de carrière, j'avais dû essuyer deux ou trois déconvenues avec des directrices, mais sans aucune gravité :

A deux reprises, des directrices d'école avaient jugé bon de faire venir dans ma classe une conseillère pédagogique. Malgré mon appréhension, les visites s'étaient très bien passées et ces dames étaient charmantes.

La première fois, en début de carrière, j'avais en charge des petites sections de maternelle. Les petits élèves avaient du mal à venir se ranger surtout qu'il n'y avait pas de sonnerie pour prévenir ; on frappait dans nos mains.

La directrice de cette école me fit prendre conscience, qu'à cet âge, les enfants ne nous entendent pas quand on les appelle, surtout avec le bruit ambiant. Je m'époumonais en vain dans la cour de récréation pour les appeler. Il fallait que j'aille les chercher un par un en leur prenant la main. Constatant mon désarroi, elle fit appel à la conseillère pédagogique.

Cette dame vint en classe, quelques jours après, j'étais souffrante ce jour-là, mais je tenais à honorer le rendez-vous. Malgré mon état fébrile, elle avait noté que je me comportais de manière tout à fait appropriée avec les élèves que je savais être « ferme et douce » à la fois.

Par conséquent, je m'étais angoissée pour rien.

Des années plus tard, j'avais des CE2, mais cette fois, au-delà de l'inquiétude, un sentiment d'exaspération m'animait à la perspective de recevoir, encore une fois, une conseillère pédagogique que je n'avais pas sollicitée.  Heureusement pour moi, cette dame s'était montrée adorable et n'avait rien à me reprocher du point de vue pédagogique. Toutefois, sa venue avait été motivée par des faits, qui valent, je pense, la peine d'être contés :

Il arriva donc que la directrice de l'école vint me voir après la pause méridienne en me disant :

- Que se passe-t-il Betty ? trois élèves sont venus « en délégation » se plaindre, de toi ?

Je restai toute interdite. Et je lui demandai, toute émotionnée, ce qu'on me reprochait.

- Il parait que tu ne leur laisses pas faire des choses et que tu dis des gros mots.
- Pardon ? Moi dire des gros mots ? C'est impossible. Ce n'est pas ma façon de parler !

Elle me dit qu'elle avait une réunion, qu'on en parlerait une autre fois. J'étais dans l'incapacité de verbaliser avec les élèves dans l'immédiat tellement j'étais troublée. Il est évident que cela eut des répercussions sur mon sommeil, car la nuit je m'étais torturée mentalement à me demander quel gros mot aurait pu s'échapper de ma bouche. Heureusement, le lendemain c'était mercredi j'avais pu me reposer.

Le jeudi matin, j'étais calme, bien disposée et donc je pus m'adresser, enfin, aux trois élèves qui s'étaient plaints en leur demandant à chacun leur raison.

Un élève me répondit :

- Tu nous laisses pas aller chercher du matériel tout seuls dans l'armoire !

Un autre poursuivit :

-    Tu veux pas qu'on s'échange nos affaires !

C'était vrai, je leur avais plusieurs fois demandé de renouveler leur matériel et de ne pas se lever sans autorisation. Quelle catastrophe ?! Cela fait partie, somme toute, des règles de vie.

Quand enfin la dernière élève que j'attendais au tournant - c'était la meneuse du groupe et c'était elle, qui, d'après ses camarades, étaient à l'origine de la démarche, - me lança :

-    Et tu dis des gros mots !
-    Ah nous y venons, Maya, moi dire des gros mots ? Je ne dis jamais de gros mots !

Elle insista :

-    Si, Si tu as dit des gros mots !
-    Et lesquels ? répondis-je.
-    Tu m'as dit « tu es têtue ! »

J'avais beau expliquer à la gamine que ce vocable, n'était pas un gros mot, il n'y avait rien à y faire. En fait, elle avait dû être vexée par ma remarque et avait peut-être considéré celle-ci comme une insulte.

J'étais soulagée de ne pas avoir commis de fautes mais j'étais quand même énervée, parce que mes élèves avaient eu l'audace de venir se plaindre de moi, leur enseignante. J'en avais tenue rancune à ma directrice d'avoir cru, d'emblée, les élèves sans chercher à connaître véritablement les tenants et les aboutissants de cette histoire, puis, d'avoir accordé de l'importance à ces balivernes et ce non-fait, au point de faire venir une conseillère pédagogique pour contrôler mon travail.

Par chance, tout rentra dans l'ordre et nous étions restées dans de bons termes avec cette directrice, mais je déplore à quel point, de nos jours, la parole de l'enfant est sacralisée. J'aurais l'occasion de vérifier ce constat dans des expériences ultérieures douloureuses.


Un autre souvenir me revient à l'esprit. C'était la fin de classe pour mes CM2 et nous descendions les escaliers ensemble en rang afin de gagner la sortie. Un élève agité échappa à ma vigilance et passa par un autre escalier.

La directrice de l'école, en colère, me convoqua dans son bureau et me dit méchamment :

-    Demain, tu retournes en maternelle !

Je précise que le professeur titulaire remplaçant est administrativement rattaché à une école, moi je l'étais à une maternelle. J'ai appris de cette erreur qu'il ne fallait jamais baisser la garde, et avoir un champ de vision presque périphérique. Avec le recul des mauvaises expériences qui vont suivre, je relativise.  Mais, les termes qu'elle avait employés « de retourner en maternelle », je les avais ressentis comme une rétrogradation.

A l'époque, je débutais, et je manquais d'autorité. Je forçais sur ma voix pour me faire entendre. Et Il m'arrivait souvent d'être enrouée voire aphone, et, je faisais l'erreur, étant trop consciencieuse, de venir à l'école dans cet état ce qui ne faisait qu'empirer les choses.


A une autre période, je faisais la classe à des grandes sections dans les locaux de l'école élémentaire. C'était la seule classe de maternelle, qui étaient excentrée comme cela.

Je me sentais donc un peu une intruse dans cet espace de l'école élémentaire.

En outre, emmener les élèves d'une école à une autre n'était pas une tâche aisée et rapide : Cela prenait plus de dix minutes et je devais, avec les élèves, traverser deux cours de récréation pour accéder à l'école élémentaire dont les locaux n'étaient pas adaptés à des maternelles ; il n'y avait notamment pas de toilettes. Les murs de ma classe, jouxtaient, donc, ceux d'une classe élémentaire. Et quand mes élèves étaient au coin jeu, ils bavardaient forcément, faisaient rouler des voitures, et cela dérangeait manifestement la maîtresse de la classe contiguë qui gérait des Cm2. Il faut signaler que les élèves de maternelle sont, généralement, beaucoup plus bruyants que les élèves en élémentaire.

Un jour, cette collègue fit irruption dans ma classe en faisant esclandre. Elle avait été, de surcroît, agressive et grossière à mon encontre. Je fus choquée par son comportement, et mes élèves prirent peur.

Je pris l'initiative donc de me plaindre auprès de mon supérieur direct. Cet inspecteur eut la délicatesse de me téléphoner pour m'exprimer toute sa sympathie et il devait contacter l'enseignante pour lui « rappeler quelques règles ».

Je pense que l'intervention de mon inspecteur avait produit ses effets car je n'entendis plus parler de ma collègue. Je compris rapidement aussi que quelques aménagements rendraient cette promiscuité moins conflictuelle comme le déplacement du coin jeu, une vigilance plus accrue aux bruits ou à l'augmentation du volume sonore.

Je précise que cet inspecteur et l'inspectrice qui lui avait succédé furent remarquablement professionnels et bienveillants à mon égard. Je garde d'eux un souvenir chaleureux.

A ce propos, il me revient en mémoire, une visite d'inspection qui s'était merveilleusement bien déroulée, à l'issue de laquelle cette inspectrice, que j'évoque plus haut, m'avait rédigé un rapport dithyrambique. J'avais eu beaucoup de plaisir à discuter avec elle si bien que notre conversation se prolongea bien au-delà de l'heure de sortie.

Je dois admettre, qu'au fur et à mesure, la pratique de mon métier, s'est révélé bénéfique sur certains aspects de ma personnalité :

J'ai appris à contrôler ma voix, à parler plus fort sans crier, en la projetant loin devant moi.

J'ai appris à observer, à élargir mon champ de vision pour bien m'attacher aux détails.

J'ai appris aussi à travailler ma posture, à me servir de mon corps : mes yeux, mes bras, mes mains sont autant d'outils qui m'aident dans la pratique de mon enseignement. Ils participent à  l' explicitation de mon discours.

Enseigner, en effet, nécessite parfois de théâtraliser.

Au contact des enfants, également, j'ai renforcé mon immunité. J'étais très souvent contaminée par les élèves au début, mais maintenant, ils me transmettent moins leur virus.

Sans transition, je change de problématique. J'aimerais parler des élèves perturbés et perturbateurs. Je vais en évoquer quelques-uns.

J'avais, dans une de mes classes, un élève immensément turbulent et qui semblait souffrir de troubles de comportement. Il me donna beaucoup de fil à retordre.

Il convient de rester prudent avec ces termes de « troubles de comportement » car je n'ai aucune légitimité à poser un diagnostic. Cet élève, pour conserver le secret de son anonymat, je le nommerais Moussa. Il n'avait pas de suivi à l'extérieur et donc officiellement ne présentait aucun trouble.

Je devais sans cesse gérer les interactions de Moussa avec ses camarades car il était violent avec eux, il les frappait, il disait qu'il voulait leur faire du mal. A plusieurs reprises, il tenta de s'échapper de la classe et j'étais obligée de courir pour le rattraper ce qui entraina ma chute dans le couloir et aussi une autre fois, dans la cour.

Malgré cela j'avais travaillé en continu avec lui sans m'être arrêtée une seule fois, sans le confier à des collègues ou encore au directeur.

En effet, je suis rétive à la perspective de déranger mes collègues ou de perturber le service normal. Je souhaite assumer mes élèves dont on me confie la responsabilité, jusqu'au bout, malgré les risques encourus pour ma santé.

Il arrive, effectivement, que, quand des enseignants ont du mal à gérer certains élèves, qu'ils mettent à contribution des collègues pour le recevoir dans leur classe avec du travail, à tour de rôle. Cela fait partie du travail d'équipe. Pour ma part, je sollicite très rarement mes collègues pour ce faire, car, à tort ou à raison, je me fais un point d'honneur à gérer à ces situations de crise toute seule.

En effet, ne se sentir redevable de personne, c'est ma devise. Je ne veux compter que sur moi-même.

Toujours dans un souci de travail d'équipe, certains d'enseignants prennent l'habitude de « décloisonner », c'est-à-dire de procéder à un échange d'enseignement de discipline. Un professeur se charge, par exemple d'enseigner l'histoire à deux classes et l'autre les sciences. J'avais pratiqué cela quelques années avec une collègue Françoise, qui avait l'autre classe de CE1 : elle se chargeait du sport et moi de la chorale et l'anglais. Nous nous entendions très bien, plus que collègues nous étions des amies et avions une grande confiance mutuelle et elle avait d'ailleurs eu dans sa classe deux de mes fils. Mais je ne pratique plus ainsi. Cela demande une bonne coordination entre collègues et quand l'un deux nous est absent et non remplacé, cela peut poser problème.

Pour en revenir à Moussa, il dérangeait la classe, il se levait, se déplaçait, tournait autour des élèves, s'amusait à faire du psittacisme sur mes paroles. Il adorait cela et moi cela m'horripilait. Il arrivait fréquemment que je lui tienne la main pendant que j'enseignais. Ce n'était pas le seul avec qui je devais agir de la sorte, mais, en tout cas il avait été jusqu'à cette période mon élève le plus « dur ».

Avec moi, Moussa était gentil pourtant, et ne me fit aucun mal physique, mais du mal autrement : Il avait ruiné ma santé mentale et avait bousillé ma classe.

Heureusement, sa mère était une femme abordable et compréhensive, même si elle avait conscience que son fils était remuant, elle n'imaginait pas que son agitation fût d'une telle ampleur. Avec son autorisation, j'avais filmé son fils en classe quand il était monté sur une table, elle fut choquée et dut bien se rendre à l'évidence. Il avait même employé le mot de « kalachnikov » en mimant une scène de guerre, dans la classe.

Pendant toute cette année où je l'avais dans ma classe, il occupait toutes mes pensées de jour comme de nuit presque de manière obsessionnelle.

J'avais du mal à le canaliser, je tentais d'adopter une posture pacificatrice : je lui parlais gentiment, je le consolais, je le serrais dans mes bras, il m'arrivait aussi de le prendre sur mes genoux. Je lui demandais souvent : « Que puis-je faire, pour toi, pour t'aider à te calmer ? » En agissant ainsi, je voulais l'amadouer, mais en même temps, je cherchais à faire diversion ; il fallait éviter qu'il s'en prenne à ses camarades quand il était en crise, car, il disait textuellement qu'il « voulait leur faire du mal à quelqu'un ». Il était violent.

A deux reprises, je dus appeler les parents, avec l'accord du directeur, afin qu'ils viennent le chercher car la situation devenait trop pénible pour moi et pour le reste de la classe.

Pour l'anecdote, je me souviens, m'être brulé la main en faisant la cuisine, car je pensais trop à lui et j'appréhendais l'état dans lequel j'allais le trouver le lendemain.

Je voudrais parler, d'un autre élève, Romuald. Romuald bénéficiait d'un suivi à l'extérieur, mais je n'étais pas dans la confidence à propos du trouble ou de la maladie dont il souffrait. Vraisemblablement, son regard vide, et fuyant, son intonation monocorde, ses écholalies ne laissaient planer aucun doute sur son autisme. Mais ce mot n'avait pas été prononcé et j'ignorais si le diagnostic avait été posé.

J'éprouvais beaucoup de difficultés à m'occuper de Romuald. Souvent, je devais le prendre par la main, le tenir pendant le cours, le garder tout près de moi, verrouiller la porte ou me positionner au seuil de celle-ci pour lui barrer la route de la sortie, surveiller constamment ses faits et gestes…

Toutes ces contraintes que je devais m'infliger, étaient très éprouvantes pour moi. Mais j'imagine que cela l'était tout autant pour lui, car ce petit garçon devait être en souffrance et il me faisait de la peine.

Après de longues démarches, et un dossier que je dus compléter à l'attention de la MDPH, (la Maison Départementale des Personnes Handicapées) il obtint une aide humaine en toute fin d'année, et seulement à temps partiel, comme c'est souvent le cas malheureusement, cela me soulagea un peu pour ce dernier mois d'école. Son prochain enseignant avait eu, donc, sa tâche allégée, tant mieux pour lui.

Je disgresse un peu, pour expliquer ce qu'est une « aide humaine ». On les appelait AVS, (Aide Vie Scolaire). On les nomme désormais AESH (Accompagnant des Elèves en Situation de Handicap).

Ce sont des personnes qui assistent, l'enfant en situation de handicap dans ses tâches scolaires. Leur mission est définie lors des Réunions d'Equipes Educatives (les réunions spécifiques avec l'équipe pédagogique, le psychologue et l'enseignant référant handicap). Elles peuvent les aider à écrire, écrire à leur place, relire des consignes, mais aussi l'accompagner dans des tâches non scolaires comme s'habiller.

Avoir une AESH dans sa classe allège la tâche de l'enseignant, en revanche, ce n'est pas toujours facile de cohabiter avec cette personne. J'en ai connu qui parlaient assez fort avec leur élève et cela produisait des interférences avec ma voix, ce qui m'incommodait. J'en ai connu aussi, qui sans doute, par excès de zèle, intervenaient en classe sans ménagement quand les élèves bavardaient ou se comportaient mal. Mais, en général, tout se passe bien, malgré les petites gênes occasionnées et il convient de louer leur dévouement contre un salaire dérisoire.

L'idéal serait que ces personnes soient présentes pendant tout le temps scolaire de l'élève handicapé mais ce n'est jamais le cas. En outre, elles doivent s'occuper de plusieurs enfants car elles sont en nombre insuffisant. Leur emploi du temps est donc fractionné de demi-journée en demi-journée, voire d'heure en heure pour pouvoir satisfaire tous les élèves à besoin. L'enfant handicapé n'a donc pas toujours la même personne référente et c'est dommage.

Une année ou j'enseignais en moyenne section de maternelle, j'avais eu dans ma classe, en même temps, à gérer deux élèves avec des handicaps lourds : un trisomique, Brahim et une autiste sévère non verbal également, Oriane.

Outre le fait que la petite fille autiste, Oriane, criait souvent, qu'elle se déshabillait, qu'elle courait, sa manie était de grimper partout et surtout sur des surfaces improbables, comme le chevalet en bois ou les étagères. Elle se mettait constamment en danger. Je passais le plus clair de mon temps à la surveiller. Toutes les cinq minutes, j'étais interrompue dans mon travail car je la voyais en hauteur et je m'empressais de la faire descendre en veillant à ne pas lui faire de mal.

Au début de l'année, elle ne m'obéissait pas, elle résistait, je devais insister. Ensuite, elle prenait l'habitude de se jeter dans mes bras. Mais je ne pouvais l'y accueillir, je n'en avais pas la force. Petit à petit, j'avais réussi à « l'apprivoiser » et mon regard sévère ou une injonction de ma part, suffisaient à la faire descendre, ce qu'elle faisait immanquablement en poussant un cri.

J'avais un peu de répit quand je lui donnais un tableau d'activité sonore dont le bruit gênait tout le monde, mais au moins, elle était stable et hors de danger. Je la prenais de temps en temps sur mes genoux, quand je pouvais, pendant que j'expliquais les consignes.

Heureusement elle avait des aides humaines qui se relayaient auprès d'elle mais pas toute la journée. L'ATSEM (Agent Territoriale Spécialisée en Ecole Maternelle), Pauline, une femme particulièrement remarquable pour son travail et sa bonté, me soulageait beaucoup !

Il fallait aussi redoubler de vigilance pour éviter qu'elle ne trempe ses mains dans la peinture ou dans la colle, comme elle adorait le faire.

Je restais néanmoins seule avec elle une heure trente par jour et pendant ce temps, c'était épique de gérer cette élève et très difficile de m'occuper des autres élèves en même temps, je faisais du mieux que je pouvais. Et ne parlons pas de la séance de motricité quasi impossible à faire en sa présence et sans l'aide d'une personne qui lui tienne la main pour éviter qu'elle ne coure, qu'elle ne déplace le matériel, qu'elle ne brise les rondes...

Un après-midi, il se produisit une catastrophe « sanitaire ». Elle avait déjà retiré son pantalon, mais cette fois elle alla plus loin, en ôtant sa couche qui était souillée. Je ne l'avais pas remarqué tout de suite, compte-tenu de sa rapidité d'exécution. Et, comme elle était assise, par terre, calme, sécurisée, j'étais un peu tranquille pour pouvoir me concentrer davantage sur mes élèves.

Quand je m'en aperçus, il était trop tard, je vis la gamine se barbouiller avec ses excréments. Quelle horreur ! Aussitôt tous les élèves l'entourèrent en hurlant et moi encore plus fort afin qu'ils s'éloignent.

J'étais seule en classe. Je me mis au seuil de la porte pour clamer de l'aide tout en gardant en œil sur les enfants et Oriane. C'était une situation très stressante et embarrassante. Pauline, accourut, catastrophée. Je ne trouvai rien de mieux à faire que de me confondre en excuses comme si j'étais responsable de n'avoir pas été assez rapide, de ne pas avoir eu mon regard posé sur elle à ce moment-là. Mais Pauline, adorable, s'empressa de me dédouaner. Je n'étais nullement responsable selon elle.

La pauvre femme dut ramasser sa couche et ses excréments et aller doucher la petite. Quel calvaire ! Elle en était revenue avec son tablier tout crotté.

Quand la mère appris cet incident, elle se contenta de dire que ces incidents se produisaient aussi à la maison.


Je voudrais évoquer le cas du petit trisomique.

Brahim était scolarisé dans ma classe également, en même temps qu'Oriane. Lui n'était présent que par demi-journée. Tout comme Oriane, peu à peu Brahim s'était habitué à moi.

Au début, il criait beaucoup, il passait son temps à se balancer assis, d'avant en arrière et refusait tout contact. Peu à peu, il commençait à se servir tout seul des jeux, il ne résistait plus quand je lui saisissais les objets dangereux de ses mains, comme les ciseaux, il se laissait faire à l'habillage.

Peu à peu, ses cris se muèrent en des rires incessants et bruyants. En outre, il semblait s'attacher à moi et quand j'écartais mes bras pour l'y accueillir, il venait me percuter. Il arriva qu'il vienne vers moi avec un grand sourire et qu'il me pince le bras. Il faisait la même chose avec certains enfants auxquels il manifestait son affection. Il lançait aussi des objets, un crayon qui avait frôlé l'œil d'un camarade.

Heureusement que les élèves étaient très gentils dans ma classe et qu'ils ne se plaignaient pas. Ils toléraient les deux enfants handicapés malgré certaines « agressions », et même leur apportaient de l'aide. On dirait que ces petits, eux-mêmes enfants, infantilisaient ces élèves handicapés.

Il régnait un bon climat de classe malgré tout et je trouvais que mes petits élèves avaient une attitude méritoire pour parvenir à travailler dans cette ambiance bruyante et inconfortable liée à la présence de camarades très lourdement handicapés.

Je me revois encore gravir ou descendre les escaliers avec Brahim et Oriane à chaque main. Brahim se déplaçait difficilement mais, pour Oriane c'était le contraire il fallait la tenir pour ne pas qu'elle s'échappe.

Je trouve illusoire de vouloir à tout prix inclure ces élèves avec un handicap très lourd dans une classe banale même avec une aide humaine. Malheureusement, le manque de place dans ses structures, la lenteur administrative, et, souvent, le refus des parents, contribuent au fait que les enseignants soient contraints, de garder ces élèves dans les classes où ils ne sont pas à leur place. Il serait préférable qu'ils intègrent une structure spécialisée (comme des IME : Instituts Médicaux Educatifs)  où ils seront pris en charge par des professionnels. Avec le concours des AESH et de l'ATSEM, nous faisions de notre mieux pour nous en occuper mais ce n'est pas notre métier et nous ne sommes pas outillées pour cela.

J'ai remarqué qu'il y a davantage d'enfants présentant de lourds handicaps en maternelle. Cela s'explique, en partie,  comme je l'ai dit précédemment,  par la lenteur de tous les acteurs impliqués dans cette problématique.  Il faut, en effet, laisser le temps aux enseignants, de se rendre compte du handicap, d'oser en parler aux parents sans prononcer ce mot, aux parents de l'accepter, il faut réunir l'équipe pédagogique, remplir une multitude de documents pour constituer un dossier fastidieux, que celui-ci soit accepté en commission MDPH (Maison Départementale des Personnes Handicapées). Toutes ses étapes prennent plusieurs années.

Dans certains établissements scolaires, il existe des classes dédiées aux handicapés : les ULIS (Unité Localisée pour l'Inclusion Scolaire). La finalité de ces unités pédagogiques est, comme son nom l'indique, de pouvoir inclure progressivement ces élèves dans des classes dites banales. Les élèves handicapées sont alors dans leur classe « d'inclusion » pour certains apprentissages. Le majeure partie de leur temps ils retrouvent leur classe à  effectif réduit avec au minimum une aide humaine.

Comme j'ai une longue carrière, je peux constater l'augmentation du nombre d'élèves porteurs de « troubles » dans les classes, qu'ils soient reconnus comme handicapés c'est-à-dire ayant une notification MDPH ou non. Je précise qu'en 2005, la notion de handicap s'est élargie aux troubles des fonctions cognitives, handicaps que l'on dit « invisibles » comme tous ceux qui font partie des troubles « dys », troubles de l'attention (TDA) et de l'hyperactivé (TDH).

Ce dernier constat est couplé au fait que, en dehors du handicap, les élèves sont de moins en moins attentifs, concentrés, appliqués et persévérants. Des parents démissionnaires ou adeptes de l'éducation trop « positive », l'usage abusif des jeux-vidéos, le manque de stimulation dans le milieu familial, sont peut-être des raisons qui expliquent cela et qui rendent les classes de plus en plus difficiles à gérer.


Je passe à un tout autre sujet :  je voudrais raconter les quelques accidents que j'ai subis dans l'enceinte de l'école.  Deux d'entre eux, m'ont particulièrement marquée.

Le premier s'était produit dans la cour de récréation, alors que je faisais la surveillance, je reçus sur mon pied tout le poids d'une élève. C'était extrêmement douloureux.

Après l'impact, j'avais regagné ma classe avec une démarche claudicante, et je n'avais qu'une envie, c'était de retirer mes chaussures et de poser mon pied sur une chaise pour me soulager. J'avais envoyé deux élèves chercher le directeur en vain, donc j'étais restée dans cette position longtemps, tout en continuant à faire classe.

Au moment de la sortie, je ne pouvais plus me rechausser. Je revins travailler l'après-midi malgré cette douleur lancinante pour ne pas perturber le service et ne pas avoir à laisser les élèves à mes collègues.

Le soir, la douleur s'intensifia et mon mari me conduisit à l'hôpital, en me prenant dans ses bras, car je ne pouvais plus poser le pied au sol.

Je m'étais absentée trois jours à la suite de cet accident qui m'avait causé une double entorse, mais, comme je suis le genre de personne à penser que « le devoir m'appelle » je repris le service trop tôt si bien que je boitais pendant plus de deux mois.

Depuis cet accident, je veille à ne jamais rester au milieu de la cour, pour éviter d'être percutée par des enfants.

Je regrette maintenant de ne pas m'être arrêtée plus de temps car je garde toujours une fragilité au niveau de ma cheville.

Je voudrais évoquer cet autre accident, lorsque j'étais tombée à la renverse de mon estrade et par réflexe de survie, pour protéger ma tête, je mis mes mains en avant, pendant que ma cuisse vint percuter le rebord de mon estrade.  La conséquence, fut encore une entorse, au poignet cette fois, et un énorme hématome à la cuisse. Je n'avais pas interrompu mon service pour autant ni signaler l'accident à l'école.

Mon estrade, qui, au passage, avait été fabriquée par une main de maître, par mon cher mari. Cette longue estrade, très solide, en bois me permettait de me surélever pour atteindre le haut du tableau, mais aussi pour être mieux vue par tous mes élèves et réciproquement je pouvais avoir une meilleure visibilité de ma classe.

Quand je changeais d'école ou de classe, mon mari me la déménageait.

Mes élèves aussi prenaient du plaisir à se positionner dessus, ils étaient plus à leur aise pour présenter des petits spectacles, réciter des poésies ou chanter.

Je me souviens, il y a longtemps, pendant toute ma scolarité, il y avait des estrades dans toutes les salles de classe. On les avait retirées dans les années 80 sans doute dans un souci d'égalité, pour ne pas positionner l'enseignant sur un piédestal, qu'il ne se sente pas supérieur à eux. Mais cela peut faire débat, quid de l'autorité ? Je trouve cela dommage personnellement. Un enseignant devrait prendre de la hauteur, être « supérieur » aux élèves dans le sens où c'est lui le maître à bord, le détenteur du savoir et le symbole de l'autorité.

# Année  -1

Après plus de 20 ans de bons et loyaux services, dans des écoles dites « difficiles », au sein d'un département pauvre, et compte-tenu de mon barème élevé, je pris la décision de demander ma mutation dans une école d'une ville proche mais favorisée.

Dans cet établissement, les élèves sont réputés pour avoir un bon niveau scolaire, plus homogène et ils rencontrent moins de difficultés dans les apprentissages. Les difficultés sociales, quand il y en a, sont moins criantes. Ce sont des familles plus aisées bien qu'elles habitent dans ce département pauvre.  Par conséquent, cette ville, un ilot privilégié dont je tairais le nom, contraste, avec celles du département, du fait du niveau et du cadre social des familles.

Je considérais ce changement comme l'apothéose, l'aboutissement de ma carrière. Je méritais d'enseigner dans des situations plus confortables. J'étais ravie.

Je pensais avoir décrocher le graal mais, en vérité, j'avais reçu un cadeau empoisonné.

En effet, dès les premiers jours de mon arrivée dans cette école, la loi des séries fit son œuvre et les problèmes s'enchaînèrent.

Je vais tenter de dérouler année par année le fil de cette histoire que j'ai vécue avec tous les détails que ma mémoire permettra de restituer, le plus fidèlement possible.

J'ai, bien entendu, pris la précaution de changer les noms des protagonistes pour ne pas leur faire offense.

En effet, le dessein de cet ouvrage n'est pas de régler mes comptes avec l'Institution, loin s'en faut, mais la quête d'un apaisement.

Ecrire me fait entrer dans ce processus, cela m'aide à panser mes plaies, ces blessures profondes et successives qui m'ont menées à ce mal-être professionnel.

# Année 1

De cette nomination dans cette école, que je baptiserais, l'école des Amandiers, j'en tirais une certaine fierté. En effet, comme je le mentionnais plus haut, l'affectation dans cette école très convoitée, nécessite un barème élevé.

 A la fin de l'année scolaire, je pris contact avec le directeur de l'école. Celui-ci, que je nommerais Jacky pour les besoins du récit, me réserva un accueil chaleureux. Il me reçut dans son bureau et m'informa que nous étions trois collègues arrivés en même temps dans l'école, cette année-là, sensiblement du même âge.

Le CE1 était libre, donc je saisis l'opportunité, c'était ma classe de prédilection, celle dans laquelle j'avais enseigné pendant 14 ans.

Quelques jours plus tard, il me confirma que j'aurais un CE1 donc je fis mes commandes de fournitures avant de prendre mes vacances.

A la rentrée scolaire, fraîchement débarquée dans l'école, le climat semblait correspondre à mon attente. Il y avait un contraste saisissant avec les élèves que j'avais connus avant. Ils étaient attentifs, pour la grande majorité d'entre eux, travailleurs, nantis de leur matériel, motivés et concentrés de surcroît. Il semblait plaisant de travailler dans ces conditions presque idylliques.

J'avais entendu dire que dans cette ville, les parents étaient très exigeants. Mes collègues et amies avaient tenté de me dissuader de demander cette école mais je m'étais entêtée. Je pensais, à tort, que compte tenu de ma personnalité : accommodante et gentille, et de mon profil d'enseignante : douce, bienveillante et très expérimentée, je n'aurais aucun souci.

Ainsi, je me sentais auréolée d'une certaine gloire  en arrivant dans cette école. Mais mon enthousiasme allait vite retomber.

J'étais également heureuse et émue car, dans cette nouvelle école, j'avais retrouvé une amie, Cécilia, qui m'avais remplacée pendant mon dernier congé de maternité. Je savais qu'elle y enseignait depuis quelques années au CP et je m'étais promis, en mon for intérieur, de l'y rejoindre quand j'aurais assez de points à mon barème.

La présence de mon amie m'avait permis de m'y sentir plus à l'aise, du moins au début. Le directeur et les collègues étaient sympathiques, donc cette rentrée augurait bien.

En effet, Cécilia, m'avait présentée à tous les collègues en parlant de moi en des termes élogieux et elle avait procédé de la même façon avec les parents de ses élèves que j'allais récupérer. Elle m'avait dit ainsi qu'elle m'avait « fait une bonne publicité ». C'était une démarche curieuse mais je ne m'en rendais pas encore compte. Ostensiblement, les parents d'élèves se méfiaient des nouvelles recrues et il fallait les rassurer.

Il s'avère que dans cette école en particulier, plus que dans les autres de la ville, les parents d'élèves sont réputés être intrusifs et plaintifs voire procéduriers. Ils font souvent des réclamations auprès du directeur. Cependant, ils collaborent aux projets, sont très actifs dans les conseils d'école. Ils sont regroupés en une fédération qui était très présente et très active dans l'école.

La première impression que me renvoya Jacky fut très bonne. Par la suite, je l'appréciais, j'entretenais de bonnes relations avec lui, au début. Il se rendait disponible et m'accueillait toujours avec le sourire. C'était un homme avenant au contact facile. Il m'amusait un peu car il était d'un tempérament râleur et il faisait usage d'un vocabulaire fleuri.

Cette première année aux Amandiers, je comptais, parmi mes élèves une petite fille « fragile », Cristina, telle que la collègue qui l'avait eue l'an passé, me l'avait dépeinte et dont la maman était très intrusive dans l'école : La première arrivée au portail, la dernière partie.

Au début nos relations étaient très courtoises et aimables. La petite élève pratiquait un absentéisme assidu. Ses absences n'étaient pas toujours justifiées mais ce n'était pas grave, je comblais ses manques en veillant à chaque fois à communiquer à la mère les notions abordées, je lui remettais aussi en mains propres les exercices qui avaient été faits en classe ou qui étaient prévus. Je me rendais beaucoup disponible à la sortie des classes pour cette maman.

Ce mode de fonctionnement ravissait la maman, nous nous entendions bien, jusqu'au jour où j'avais décliné la proposition de la mère de m'accompagner à une sortie. En mon for intérieur, je refusais son aide car je la jugeais intrusive mais aussi, elle n'hésitait pas à médire sur les enseignants de l'école, et comme sa fille était souvent absente, elle avait été prévenue tard de la sortie scolaire et j'avais déjà choisi les parents accompagnateurs.

A partir ce moment nos relations mère-maîtresse se dégradèrent.

La maman de Cristina me montra son agacement de ne pas pouvoir venir avec nous et refusa que sa fille participe à la sortie d'autant plus que l'an passé, elle faisait partie intégrante de toutes les sorties scolaires.

Visiblement elle demeurait très inquiète pour sa fille et était aussi méfiante envers l'équipe éducative.

En outre, ce qui m'exaspérait c'était qu'elle prenait l'habitude de pénétrer dans l'école sans autorisation pour déposer sa fille, et elle y restait ventousée même si cela avait déjà sonné jusqu'à la montée en classe. Elle profitait, manifestement, de la souplesse de l'application du règlement intérieur car personne ne lui barrait la route et il arrivait même qu'elle me suive dans les locaux de l'école pour se plaindre de certains élèves qui auraient bousculé sa fille.

Au bout de quelques temps, je commençais à me lasser de l'omniprésence de cette dame, je me sentais harcelée observée de tous mes faits et gestes.  Je me résolus à lui manifester, avec tempérance, mon désaccord et mon mécontentement.

J'appris plus tard, en fin d'année qu'elle s'était plainte de moi auprès du directeur, qui je suppose avait transmis sa lettre à l'inspecteur, et ceci pour des motifs fallacieux.

Elle avait notamment écrit qu'après que sa fille ait vomi en classe, je lui avais demandé de nettoyer. C'était un mensonge éhonté, bien évidemment, J'avais au contraire rassuré la petite et nous avions posé du bout des doigts des mouchoirs en papier sur les souillures pour les absorber un peu en attendant que la femme de ménage fasse son travail le soir. Je ne pouvais pas laisser la saleté comme cela, il fallait cacher un minimum pour pouvoir continuer à faire classe.

Cet incident survint, en plus en début d'après-midi donc il restait deux heures de classe.

Je précise que dans les écoles élémentaires, nous, les enseignants, sommes souvent confrontés au manque de personnel de ménage ; il n'y avait, effectivement, personne dans la journée sur qui compter en cas de dégâts. En agissant de la sorte, je parai au plus rapide.

Pour pallier à ce conflit, l'inspecteur prit la décision de m'envoyer une enseignante spécialisée qu'on appelle communément : maitresse-violence. Maitresse-violence ? C'est un terme outrageant pour moi qui n'avais porté aucune atteinte violente à la petite, loin s'en faut. Mais c'est la terminologie. Il s'agit d'une enseignante qui sert de médiatrice entre les parents et les enseignants en cas de conflit.

Par conséquent, cette collègue qui est en fait une conseillère pédagogique spécialisée, me rendit visite dans ma classe à deux reprises et ne constata aucune dérive pédagogique ou mauvais comportement de ma part. Elle en informa à la mère et je suppose à son supérieur qui était aussi le mien.

Marie, pour ne pas la nommer, mit en évidence que certains enfants s'avèrent plus sensibles ou plus fragiles que d'autres et qu'il fallait redoubler de bienveillance pour ceux-ci. Dans cette optique, elle me recommanda d'être plus à l'écoute des ressentis de la fillette, de l'interroger sur son état de santé après une absence, de lui manifester plus d'empathie.

Mais je pense que tous les élèves ont besoin que leur maitresse leur témoigne de l'affection.  J'entends souvent mes collègues dire « ce gamin marche à l'affectif » mais c'est une évidence, pour Cristina un peu plus que les autres, peut-être.

 Je fis donc en sorte de faire entrer cette composante dans mon état d'esprit et je me rapprochais plus de Cristina. Je m'enquérais régulièrement de son état moral et physique.


Cette même année, il y avait un autre élève Félix, dont les parents me mirent en difficulté.

J'avais été avisée en toute fin d'année, d'une lettre mentionnant le fait que Félix était « précoce » et que je n'en avais pas tenu compte. L'inspecteur m'avait lu le courrier.

D'une part, je n'étais pas au courant que cet élève avait passé des tests psychométriques, tests qui révélèrent qu'il aurait un quotient intellectuel d'un peu plus de 130, d'autre part, je n'avais pas décelé chez cet enfant des dispositions particulières donc je n'avais pas appliqué pour lui une différenciation pédagogique. Certes, il était meneur, turbulent et intelligent mais son profil correspondait aussi à d'autres élèves dans la classe et rien ne me laissait penser qu'il était « précoce ».

Mon inspecteur me le reprocha plus tard, reproché quelque chose que j'ignorais ou que je n'avais pas décelé. Peut-être aurait-il fallu que je revête la casquette de psychologue, en plus de celle d'éducatrice, de policier, de juge, d'infirmière, rôles que les enseignants doivent souvent endosser pour veiller au bien -être de leurs élèves.

Je suppose que, ce qui avait déplu à mon chef, c'était que les parents avaient demandé la radiation de leur fils pour l'inscrire dans une école privée. Il me semble qu'il s'agissait d'un établissement pour élèves dotés d'un haut potentiel.

La dernière occasion qui se présenta pour rencontrer la mère de Félix c'était lors de la remise des livrets.

Dès qu'elle me vit, elle arbora, un regard courroucé. Je lui dis, calmement, qu'il n'était pas nécessaire d'écrire en haut lieu pour signaler que son enfant est précoce, qu'il aurait mieux valu prendre un rendez-vous avec moi, afin de m'informer de ces résultats. Elle s'emporta. Je mis fin à la conversation car, je mis en application ce qu'un directeur, m'avait conseillé : éviter les scandales dans l'enceinte de l'école.

Il est regrettable de constater à quel point certains parents d'élèves peuvent être virulents. Je pense que c'est le reflet de la société actuelle. Il n'est pas aisé de communiquer sereinement  avec des personnes qui ne sont pas en accord avec vous. La discussion s'envenime vite car les émotions prennent le dessus.

Cette histoire de tests me fait penser à une maman d'élève, fort sympathique au demeurant, à qui j'avais fait remarquer que son fils était turbulent en classe et avait beaucoup de mal à se concentrer. Elle ne me contredit pas mais ajouta qu'elle allait lui faire passer des « tests de précocité » comme si c'était la raison qui justifierait son comportement et comme si la mère était certaine du haut potentiel de son fils et qu'elle s'en targuait. Ce n'est, effectivement pas le nom que l'on donne à ces tests, ce sont des tests de QI, (les fameux WISC). Cette maman, n'était pas remontée jusqu'à l'inspection, bien heureusement, et ne m'informa pas du résultat des tests, sans doute parce qu'ils étaient dans un seuil de normalité.

A ce sujet, j'ai eu maintes fois, l'occasion de constater, en particulier dans cette école des Amandiers, que pour de nombreux parents, le fait que leur enfant soit turbulent, s'expliquerait par un haut potentiel, ils ne veulent pas reconnaître que c'est le propre du caractère de leur enfant, ou le résultat de l'éducation qu'ils leur ont prodiguée. L'éducation parentale a, par ailleurs, aussi évolué, dans le mauvais sens, car j'observe que beaucoup de parents laissent leurs enfants exercer leur toute puissance.  Il y aurait beaucoup à en dire, mais ce n'est pas le sujet de ce livre.


Je voudrais maintenant parler d'Olivia : une élève de cette école, atteinte d'un retard mental, mais adorable, polie, très sage.

Etant donné qu'elle avait des besoins particuliers elle ne pouvait pas suivre comme les autres élèves donc elle était, en permanence, en mode de différenciation pédagogique.

L'enseignante « référente » du handicap m'avait demandé de lui remettre quelques traces écrites et productions, ce que je fis, mais j'ignorais que son dossier devait être plus fourni, devait transité par l'inspecteur et qu'il servirait à une Réunion de l'Equipe Educative, (REE) si elle m'en avait avisée, j'aurais présenté tout son travail de l'année qui était conséquent.

Je ne savais pas que l'inspecteur plus tard me reprocherait le manque de densité de son travail alors qu'elle avait produit beaucoup de choses dans l'année.

A mon avis, il y avait eu un malentendu entre moi et cette enseignante à cause d'une communication trop opaque et hâtive.

Je ressentais cette mésaventure comme un piège qu'on m'avait tendu.

Compte-tenu de tous ces soucis, la première année dans cette école, s'était révélée stressante pour moi, j'avais décidé de demander un rendez- vous avec mon inspecteur d'autant plus que je venais d'avoir connaissance du courrier rédigé par la maman de Cristina et je voulais me justifier.

L'inspecteur me reçut en toute fin d'année, j'avais demandé à Jacky de m'accompagner cependant  sa présence fut inutile car il n'était presque pas intervenu pendant l'entretien, ou juste pour approuver ce que disait son supérieur.

Je fis part à mon inspecteur de mes mauvaises relations avec la maman de Cristina mais finalement il n'en eut cure. En effet, j'eus à peine le temps de lui en toucher un mot, qu'il botta en touche, et, alors que j'attendais un soutien de sa part, il ne trouva rien de mieux à me dire que je devais me rendre plus disponible pour certains parents, comme si je ne n'avais pas fait montre d'une grande disponibilité.

Alors que je l'avais sollicité, il se comporta comme si cette demande émanait de lui. Il avait dit qu'il avait souhaité me voir à la suite du courrier de la maman de Félix, l'enfant « précoce ». Il ne tarda pas à me lire cette lettre, j'ignorais même que cette maman s'était plainte de ma façon d'enseigner. Mes tentatives de justification restèrent infructueuses. Il me serina le fameux couplet de la « bienveillance » comme si je ne l'étais pas.


Et voilà que nous arrivons à cette notion  de « bienveillance », cette fameuse, je devrais dire, cette sacro-sainte « bienveillance » me semble le maitre mot de l'Institution.

A mon avis, on demande davantage à un enseignant d'être bienveillant, que d'être cultivé et je le déplore.

Effectivement, l'époque des instituteurs dotés de savoirs quasiment encyclopédiques est d'un autre siècle. Je pense aussi que l'on s'éloigne de cette génération d'enseignants, auxquels j'ose m'identifier, qui dispose d'une très bonne culture générale.

Ceci m'amène à ouvrir une parenthèse pour parler du recrutement des professeurs.

De nos jours, le niveau d'étude requis pour accéder au concours est plus haut. Ce concours c'est le CRPE. (Concours de recrutement de professeur des écoles).

A mon époque, il y a une trentaine d'années, on exigeait la licence pour se présenter au concours, puis on poursuivait les études à l'IUFM. (Institut Universitaire de Formation des Maitres, c'est là que j'avais étudié pendant un an.

Rappelons que 30 ans encore auparavant, avant la réforme, le bac suffisait, avec une poursuite d'études à l'Ecole Normale après l'obtention du concours.

En effet, depuis 2010, on a élevé le niveau de diplôme exigé avec le master. N'importe quel master permet d'accéder au concours. Je précise que depuis peu, il existe un master spécifique pour l'enseignement : le master MEEF mais il n'est pas obligatoire pour prétendre au concours. Malgré la masterisation, paradoxalement, le seuil d'admissibilité à l'issue du concours est plus bas, compte tenu de la pénurie d'enseignants, et le concours beaucoup plus facile dans la mesure où il y moins d'épreuves : juste le français, les mathématiques et l'anglais n'est même plus obligatoire : les enseignants qui ne parlent pas anglais, utilisent des applications dédiées.

Précisons, qu'il existe certaines dérogations au master : le concours est accessible aux parents de trois enfants et plus ou aux sportifs de haut niveau, ou avoir été contractuel pendant un certain nombre d'années.  (Les contractuels sont des enseignants recrutés sans concours, avec un bac + 3 et qui signent un contrat renouvelable.)

A mon humble avis, il serait plus pertinent de pouvoir accéder au concours après le baccalauréat et 3 ans d'étude spécialisée dans les métiers de l'enseignement.

Je ne pense pas que les titulaires d'un master soient de meilleurs enseignants que les anciens instituteurs ou les premiers professeurs des écoles qui étaient recrutés sur concours après le baccalauréat pour les premiers et après la licence pour les seconds. Le nombre d'années d'étude ne conditionne pas un bon enseignant :

A mon avis, il convient de disposer de qualités qui relèvent à la fois du savoir-faire et du savoir-être : parler et écrire un français correct, avoir une culture générale étendue, sachant que cette culture n'émane pas seulement de savoirs universitaires, elle provient aussi de lectures personnelles.

Il est évident que ce qui très formateur c'est l'expérience.

Cette profession nous impose également d'être bien organisé et méthodique pour pouvoir ensuite ritualiser les apprentissages.

Nous devons, par essence, être pédagogue, c'est-à-dire savoir parler à l'enfant, se mettre dans une posture d'autorité bienveillante, et partir des acquis de l'élève.

Il est également nécessaire d'imposer et de faire respecter les règles du vivre-ensemble pour faire entrer l'élève dans un processus de citoyenneté. Je considère, en effet, que l'école est un microcosme, une société en miniature.


Je ferme cette parenthèse et reviens à l'entretien avec mon inspecteur.

Mon supérieur direct poursuivi, en mettant en opposition ces deux élèves à besoins particuliers - l'un qui avait « de l'avance » et l'autre

« du retard » - pour justifier de la nécessité d'une pédagogie différenciée, comme si mes élèves faisaient tous la même chose au même moment.

En un mot, cette « audience » avec mon inspecteur - c'est le terme qui désigne la rencontre entre l'enseignant et son supérieur hiérarchique – fut dénuée d'intérêt et n'eut, pour effet, qu'accroître mon stress. Elle se résuma, ainsi, à une énonciation de poncifs pédagogiques, dans un monologue pour lequel   je ne pouvais qu'opiner du chef.

A l'issue de cette rencontre, mon inspecteur décida que je sois « accompagnée » l'année suivante. Mais je n'avais pas encore saisi le sens et les conséquences de ce mot.

# Année 2

Je repris à nouveau une classe de CE1. Tout se déroula, au début, sous de bons auspices.

Dès le mois d'octobre de cette année-là, je dus affronter une mère d'élève inquiète quant aux résultats en orthographe de son fils, Jean, un enfant qui réussissait bien par ailleurs mais pas en Français, et éprouvait beaucoup de difficultés à l'encodage.

Je la vis en début d'année et elle me fit part de la tristesse de son enfant quand il avait des « mauvaises notes » en dictée, je pense qu'elle projetait son stress à elle sur celui de son fils Jean car, en classe, le petit était très détendu et à l'aise. Je lui proposai d'écourter ses dictées et qu'il apprenne moins de mots : au lieu des 10 habituels par semaine, 5 ou 6, et la rassurai en lui disant que ce qui importait c'était ses progrès.

Deux mois après, alors que j'arrivais à l'école le matin à 8h00, je l'aperçus dans les escaliers, comme si elle voulait me barrer la route. Comment s'était-elle introduite dans l'école ? Qui l'avait autorisée à entrer ? Cela demeure toujours pour moi, une zone d'ombre. Le directeur n'était pas encore arrivé. Il y avait juste les animateurs du périscolaire, qui ouvraient aux élèves pour la garderie du matin et le gardien. Mais Jean, lui n'allait pas à la garderie. Elle se serait faufilée parmi des parents accompagnant leurs enfants à la garderie ? Force est de constater que cette école s'était avérée une vraie passoire.

D'emblée, cette femme m'agressa, elle se tenait déjà en haut de l'escalier et moi bien plus bas.  J'avais les bras chargés de paquets ; c'était bientôt Noël.  Je me trouvais donc dans une position doublement inconfortable : encombrée et bien plus basse que cette dame. Je devais lever la tête pour lui parler. Etant en plus d'une constitution menue, je me ressentais clairement en état d'infériorité.

Elle exigea, sans me saluer :

- Je veux voir les évaluations de Jean !
- Bonjour, vous les aurez vendredi comme d'habitude.
- Non, je les veux tout de suite !
- Pourquoi ? si vous insistez d'accord, je vous les prépare.

Elle vociféra dans les escaliers, me disant qu'elle en avait assez, prétendant que son fils « n'aurait pas dormi de la nuit » à cause d'une mauvaise note en Français. Je tentai de la rassurer mais elle s'énerva de plus belle et me poursuivit jusqu'à ma classe et hurlant dans le couloir.

Elle alla jusqu'à prétendre que je me serais moquée de son fils en montrant son travail erroné à tous, j'étais furieuse et je lui dis qu'elle mentait. Elle hurlait, elle agitait ses bras frénétiquement comme si elle voulait s'en prendre à moi physiquement.

De retour en classe, contre toute attente, Jean était serein, je lui demandai s'il avait bien dormi, il me répondit par l'affirmative et que si c'était vrai que je m'étais moquée de lui, il me dit non d'un air surpris et qu'il ne comprenait pas pourquoi sa maman disait cela.

A cause de cette altercation, toute la journée durant, je pratiquais mon enseignement dans le stress le plus total. Je me sentais très mal, meurtrie, mon cœur battait la chamade mais je demeurais à mon poste.

Je regrette maintenant ne pas être rentrée chez moi, cela aurait attester de la gravité de la situation et que cela m'avait bouleversée. Cependant, je suis trop disciplinée et stricte pour cela. Je demeurais toujours fidèle au poste.

J'eus l'idée de porter plainte au commissariat. Porter plainte est un mot fort, *que nenni* ! Le directeur me conseilla plutôt de déposer une main courante, que cela suffisait, éviter les histoires, cela valait mieux, ne pas mettre de l'huile sur le feu, c'est ce qui est préconisé par l'Institution :

« Ne pas faire de vagues ».

Je me présentai donc seule au commissariat. Jacky ne me proposa même pas de m'accompagner pour soutenir ma démarche, surtout qu'il avait été témoin, en partie, aussi avec d'autres enseignants de la violence dont elle avait fait preuve à mon encontre. Il était arrivé au moment où elle m'invectivait devant ma classe. Donc il aurait été peut-être salutaire qu'il vienne avec moi, afin de corroborer les faits, surtout que cette maman était rentrée dans l'école sans autorisation.

Je rajoute que cette femme, à ma connaissance, ne fut même pas rappelée à l'ordre pour avoir enfreint le règlement de l'école.

Au niveau légal, aucune suite ne fut donnée à ce conflit de la part de ma hiérarchie. Le directeur reçut les parents pour les apaiser. La maman admit qu'elle avait été trop loin mais pour ma part, je ne reçus aucune excuse et personne ne lui en demanda d'en faire.

Je me retrouvais donc seule avec mon angoisse et ma colère. J'ignore si on lui avait dit que j'avais déposé une main courante. J'en doute, la politique de l'école est toujours de ménager les parents.

La réponse de mon supérieur était que je devais recevoir la visite de la maitresse-violence dans la classe, encore ! Dame charmante, certes, mais il est toujours incommodant de se sentir observée surtout pour une maitresse aguerrie comme moi.

Mon supérieur ne montra aucune compassion, ni même la moindre empathie à mon égard. Je n'eus aucune réponse de sa part, aucun message, ou coup de fil rassurant. Je pense qu'à ses yeux j'aurais sans doute dû encaisser les coups sans répliquer.

Ne pas « faire de vagues » …


Cette fois encore, la maitresse violence vint dans ma classe. Elle constata que Jean s'y sentait bien. Elle rendit compte aux parents et je suppose à notre supérieur. Elle me proposa de les rencontrer, je ne le souhaitais pas le moins du monde mais j'y fus contrainte. C'est un peu la finalité du travail de cette enseignante : arriver à faire renouer le dialogue.

Lors de mon entretien avec la maman, en présence du directeur, je lui suggérai de faire un bilan orthophonique. Elle refusa ; elle considérait cela comme une épreuve pour son fils, elle pensait que cela l'angoisserait autant que s'il faisait des contrôles.

Nous décidâmes conjointement avec les parents que je leur remette tous les jours le cahier du jour de leur fils alors que les autres élèves ne l'emportaient à la maison que le vendredi. Et sur ce celui-ci, je n'hésitais pas valoriser les progrès de Jean.

En fin d'année, la maman s'était résolue à conduire Jean chez une orthophoniste. Je pris l'initiative de lister toutes les difficultés sur le plan phonétique et orthographique de Jean à destination de ce spécialiste. J'ignore quelle suite elle en avait donnée.

Tout ce surcroit de travail qui avait pour objectif de calmer les tensions, je le fis sans sourciller. En tout cas, nos relations, bien qu'apaisées, demeuraient entachées par cette histoire.

Jean me semblait détendu en classe, serein. Il n'hésitait pas à venir me voir, me poser des questions. Il m'avait juste dit qu'effectivement il n'aimait pas avoir des mauvaises notes. Je me rendis compte plus tard, qu'il n'annonçait, à sa mère, que les mauvaises notes et pas les bonnes.

Je poursuivis ma tâche consciencieusement, comme si rien ne s'était passé.

Je voudrais préciser que, ce contentieux, comme ceux qui vont suivre, se produisirent dans une indifférence générale de la part de ma hiérarchie.

Les enseignants avec qui je m'entendais mieux essayaient de me réconforter certes, mais des autres je ne reçus aucun soutien tangible, concret, qui aurait pu faire basculer la suite des évènements en ma faveur. Il est vrai, qu'ils étaient déjà bien occupés par leur charge de travail et que moi, non plus, je n'ai pas pour habitude de faire état de mes problèmes de classe.

J'étais, pour ainsi dire isolée face à ces épreuves. Seule et démunie.

J'appris plus tard, à mes dépens, que ce vocable « démuni » était tabou à l'école.


Pour récapituler, cette deuxième année, je reçus deux visites de la maitresse-violence, et trois visites du conseiller pédagogique.

Monsieur Durand, le nom que je donne, pour les besoins de ce livre, à ce conseiller pédagogique, vint, donc, dans ma classe à trois reprises.

Je commençais à ressentir une forme d'acharnement sur ma personne. Etant gradée « hors classe », je ne devais normalement plus être visitée.

J'avais appris, à la fin de cette année, que les trois visites du conseiller pédagogique faisaient partie du dispositif d'accompagnement que l'inspecteur m'avait imposé. J'éprouvais une profonde injustice comme si j'avais commis des fautes professionnelles. Je ne comprenais pas ; je suis une enseignante, douce, je parle avec délicatesse à mes élèves.

Bien entendu, il m'arrive de hausser le ton, de réprimander, de faire les gros yeux car il est évident qu'il faille imposer des limites éducatives aux enfants sinon on se laisse vite déborder et enseigner ne serait plus possible. Ce serait l'anarchie dans la classe.


Pour revenir au déroulé des évènements, le conseiller pédagogique qui me rendit visite trois fois, me recommanda de ne plus mettre de notes du tout, que des appréciations, celles du livret que l'on édite pour les parents tous les trimestres. J'en conclus que les élèves n'étaient donc plus dans une dynamique d'émulation sans les notes chiffrées. Il me le confirma. Il n'y avait pas besoin d'émulation dans une classe. J'en déduis, que les élèves « locomotives », ne doivent pas être mis en valeur.

Bien que je sois contre le retrait des notes chiffrées, je fis comme il me l'avait recommandé : je n'apposerais que des appréciations sur les évaluations. Je dus adresser un courrier aux parents, pour leur expliquer cette nouvelle notation.

Les deux premières visites avec ce conseiller pédagogique s'étaient très bien déroulées, à tel point qu'il ne resta en classe que quelques minutes.

Je pensais que ces histoires étaient terminées, nous étions en fin d'année, au mois de mai.

A mon grand regret, ma hiérarchie n'avait toujours pas voulu me lâcher et les visites se poursuivirent, les deux suivantes prirent une autre tournure et eurent pour conséquence de faire voler en éclat tout le plaisir que j'éprouvais dans la pratique de mon métier.

Le glas avait sonné.

Vers la fin du mois de mai, Jacky m'informa par texto que j'aurais une visite dans les prochains jours, de ce conseiller pédagogique, encore une fois !

Je lui demandai des éclaircissements : pourquoi devait-il encore venir étant donné que j'avais adhéré à son discours la dernière fois ? Il me répondit que c'était juste une visite formelle pour clôturer son travail et qu'il « fallait bien qu'il justifie son salaire ! ».

Ses propos eurent pour effet de me rassurer et je ne ressentis pas d'appréhension particulière d'autant plus que les précédentes visites s'étaient très bien passées, tant et si bien que j'avais fini par oublier cette rencontre prochaine et jusqu'au jour venu, elle m'était complètement sortie de l'esprit.

En y réfléchissant bien, c'était peut-être une stratégie mentale d'évitement pour essayer d'oublier toutes ces histoires et tenter de finir l'année sereinement.

Ce matin du mois de mai, j'étais dans un état d'épuisement total, je n'avais pas fermé les yeux de la nuit, je n'avais même pas dormi une demi-heure. La veille, j'avais assisté à une réception familiale que j'avais organisée et qui avait requis une longue préparation. J'y avais mis toute mon énergie. A cela venait s'agréger les problèmes d'école, donc la journée semblait mal engagée.

Ce matin-là à 8h00, je gravis les marches d'un pas mal assuré et très péniblement pour rejoindre ma classe, je me déplaçais comme si j'avais activé le pilotage automatique. J'avais déployé un effort surhumain pour venir travailler. C'était comme si toutes mes forces avaient quitté mon corps, mes jambes flageolaient.

Je rencontrai devant ma classe, mon conseiller pédagogique, Monsieur Durand, qui m'attendait et j'avais omis le rendez-vous. Je le fis entrer et s'installer au fond de la classe puis j'allai récupérer mes élèves dans la cour.

Pendant le temps de présence de Monsieur Durand, les élèves avaient travaillé sur deux disciplines ; je fis une séance d'apprentissage en espagnol et une séance de consolidation en mathématiques.

Les élèves étaient tranquilles, intéressés et présentaient une bonne attitude de travail à une ou deux exceptions près, mais sans que cela ne perturbe mon cours.

Après avoir descendu les élèves en récréation à 10 heures, je regagnai ma classe pour bilanter mes séances avec le conseiller comme il est d'usage. Je le rejoignis au fond de la classe et je vis qu'il faisait piètre figure.

J'étais persuadée qu'il venait pour le suivi de Jean et c'est ce que je lui avais demandé. Il me répondit par la négative ; que sa présence était due à un « suivi classe ». Je n'avais pas bien saisi ce qu'il entendait par là, car à l'époque j'ignorais que j'étais concernée par un dispositif spécifique. Il est indéniable que la communication passait vraiment mal dans cette école.

Le conseiller pédagogique commença par me demander, ce que je pensais de ma prestation ce matin- là, je lui répondis, avec un franc sourire, que j'en étais très satisfaite, que mes élèves étaient à l'écoute, travailleurs, calmes…

Il m'interrompit en cassant mon enthousiasme, et me rétorqua sur un ton de reproche :

-       C'est sûr qu'ils sont calmes et que vous les tenez bien !

Et me demanda d'un air tout à fait condescendant :

-       Quand les élèves prennent-ils la parole en classe ?

J'en conclus qu'à ses yeux, mes élèves étaient trop calmes !

J'étais déconcertée ! Je lui répondis que pendant le cours d'espagnol ils étaient en phase d'apprentissage, qu'ils devaient donc écouter puis répéter après moi et que cela voulait déjà dire qu'ils s'exprimaient.

Il poursuivit en disant qu'il fallait que je corrige la façon dont je m'adressais à mes élèves, j'étais vraiment été décontenancée.

Les propos acerbes qu'il avait proférés à mon encontre me bouleversèrent et je ne les oublierai jamais. Ils résonnent encore dans ma mémoire.

Il se mit à énoncer toutes les phrases et mots qui lui avaient déplu et qu'il avait pris soin de lister pendant mon intervention en classe à savoir :

J'avais un élève, Arthur, qui ne cessait de m'interrompre : Il intervenait aussi de manière impromptue et sans demander la parole. Il ne manqua pas de le faire pendant la visite. Je le repris en énumérant avec mes doigts les mois de l'année écoulée depuis la rentrée. Je lui fis remarquer, d'un ton sans réplique :

- Cela fait 9 mois, que tu me coupes la parole, tu n'as toujours pas compris les règles, que dois-je faire ?

Ce même élève, Arthur, m'interrompit encore une fois, alors que j'écrivais au tableau et il me demanda pourquoi j'avais inscrit la date sur les deux côtés, ce que je faisais tout le temps, il devait en avoir l'habitude.  Et je lui répondis :

- C'est pour que tout le monde puisse voir et finalement qu'est-ce que cela change à ta vie ?

Dans des conditions normales, il est certain que j'aurais fait preuve de plus de patience avec cet élève. Le fait d'avoir passé une nuit blanche, j'étais épuisée, comme vidée de toute substance.  J'avais donc répondu à cet élève de manière automatique et cavalière mais sans être agressive contrairement à ce que semblait penser Mr Durand.

Par la suite, Arthur, devint au demeurant, plus calme en classe. Nous n'avions toujours eu de bonnes interactions même avec sa maman. Par conséquent mon attitude ferme envers lui avait produit de bons effets. Je pense qu'une autre enseignante en meilleure forme physique, l'aurait éconduit tout comme moi ou d'une manière plus agressive. Le problème dans mon caractère, c'est que je ne sais pas faire semblant. J'aurais dû mettre de l'eau dans mon vin avant de m'adresser à cet élève mais j'étais tellement fatiguée ….

Il y avait dans ma classe de CE1, cette année-là, un autre élève Alan, qui m'exaspérait. Il ne tenait pas en place, se balançait sur sa chaise, était très agité, brouillon, son matériel se retrouvait souvent par terre. En outre, ce qui était le plus gênant, c'était qu'il avait la fâcheuse habitude de jouer, d'évider ses stylos, il avait en permanence les mains toutes tâchées d'encre, ce qui aussi avait pour conséquence de salir sa table. Inutile de dire que cela mettait très en colère les femmes de ménage.

Il y a dans chaque classe, ce profil d'élève désorganisé, peut-être dyspraxique, j'en ai accueilli plusieurs, mais Alan remportait la palme !

J'en avais donc parlé au directeur, justement la veille de cette visite. Il me recommanda, à raison, de lui interdire d'écrire au stylo ; il devrait désormais utiliser le crayon au papier. Je devais informer cet élève que c'était de la volonté du directeur.

Ce jour fatidique, il n'avait pas changé ses habitudes.

Je m'adressai à lui, en le fixant de mon regard :

- Ecoute-moi, le directeur m'a dit de te dire que désormais tu n'écriras plus au stylo, tu as compris ? J'en ai assez que la femme de ménage se plaigne. Le directeur va venir te voir en personne pour te le dire.

Monsieur Durand qui semblait très choqué par ces propos me dit :

- Il ne faut pas faire planer la menace d'un directeur sur un élève !

J'étais ulcérée : le directeur, une menace ? Un directeur pour un élève ne représente-t-il pas une autorité suprême ? le représentant de l'Institution ? Le menacer ? Je ne l'avais nullement menacé ! Ce n'était pas mon intention, je voulais juste voulu lui montrer que le directeur et moi-même nous étions dans la concorde et qu'il allait confirmer ce que j'avais dit pour que cela ait plus de poids.

J'en déduis donc, qu'il ne faut plus punir et envoyer un élève, chez le directeur ou évoquer le seul nom du chef d'établissement, comme je l'avais fait. J'avais l'impression de marcher sur la tête. D'ailleurs depuis ce jour, je n'envoie plus d'élèves chez le directeur ou la directrice, même si les fois où je l'ai fait se compte sur les doigts d'une seule main.

Monsieur Durand continua sur sa lancée :

- Il ne faut pas faire des remarques à un élève en présence de ses camarades !

Je restai toute interdite. Alors comment le faire en catimini ? Réprimander un élève devant ses camarades, cela ne sert- il pas à ses camarades justement ? Cela leur ôte l'envie de l'imiter. D'après lui, j'aurais dû faire sortir l'élève de la classe et lui parler.

Or, je considère une classe comme une communauté de vie. Les élèves sont tous impactés des attitudes bonnes ou mauvaises de leurs camarades. Les élèves sont tous spectateurs de leurs camarades dans un lien de réciprocité. Alors, évidemment, dans des situations délicates où la confidentialité s'impose, il faut isoler, parler seul à l'enfant mais dans ce cas précis ce n'était pas justifié. Et qu'aurais-je fait de mes autres élèves en attendant ? Demander à ma collègue de surveiller ma classe ? Encore faut-il avoir des portes communicantes, ce qui n'est pas toujours le cas. Et déranger ma collègue, plusieurs fois par jour pour ce faire ? Alors que j' évite de solliciter l'aide de mes collègues.

Ensuite, bien mal m'en aurait pris de dire à un élève :

- Viens-ici, pour tes lignes !

Il trouvait cet appel trop « injonctif ». Alors que je l'avais appelé sans agressivité aucune pour lui tracer les lignes repères sur son cahier.

Il continua :

- Je crois savoir que l'an prochain, vous aurez un CP, quelle méthode allez-vous utiliser ?

Je répondis :

- Je n'y ai pas encore réfléchi et ce n'est pas un problème pour moi. J'ai l'habitude.

J'avais déjà enseigné au CP, cela s'était très bien passé, j'avais même récupéré une partie de mes élèves l'année suivante pour le CE1.


Je me livre à une digression, pour parler de ces méthodes de lecture, qui ne sont pas en réalité des méthodes mais des manuels.

On compte en effet trois méthodes d'apprentissage de la lecture : la méthode globale, qui n'est quasiment plus utilisée aujourd'hui car elle on lui impute, je pense à juste titre, la baisse de niveau en orthographe. Il y a aussi la méthode syllabique et la méthode mixte, celle que j'utilise et qui est préconisée. Dans cette dernière méthode pour décoder c'est-à-dire apprendre à déchiffrer, on part du phonème (le son) ou du graphème (la lettre ou les lettres) pour lire les syllabes, les mots puis les phrases. Mais on se sert également des « mots outils » qui sont des mots invariables que les élèves doivent apprendre par cœur sans passer par l'étape du déchiffrage.

Donc ce qui varie dans les manuels de lecture, ce sont les entrées (phonèmes ou graphèmes), l'ordre d'occurrence de ceux-ci est différent selon les manuels, les textes, les illustrations, s'il y a une histoire conductrice ou pas, s'il y a des personnages récurrents ou pas.

Mais, au fond, on en revient toujours à la même méthode : la méthode mixte.

Par contre, certains manuels de lecture, prennent appui sur la méthode gestuelle qui à elle seule ne suffit pas, sauf peut-être pour sourds-muets, et d'autres utilisent ce qu'on appelle des Alphas qui sont en fait des personnages représentant les lettres de l'alphabet. Soit dit en passant, je n'aime pas du tout cette méthode. Souvent on commence par là en maternelle, mais à un moment donné, il faut passer à autre chose.

A mon avis, parler de méthode de lecture n'est pas le terme adéquat, car aucune méthode ne se suffit à elle-même. Ceci explique ma déroute quand il m'avait interrogé sur mon choix de « méthode », j'aurais préféré le mot « manuel ».


Je ferme, maintenant cette parenthèse et pour revenir au sujet qui me préoccupe, j'ai tendance à oublier que ce conseiller pédagogique demeure avant tout un collègue. Un collègue que tous les professeurs tutoient comme il est d'usage de se tutoyer entre professeurs. De quel droit, ce collègue avait-il donc de me malmener de la sorte ? Je regrette de n'avoir pas mis en avant cette réalité lors de ma visite. Je suis trop docile et gentille, c'est inscrit dans mon ADN. Mais j'étais aussi très vulnérable.

Aussi, parmi la salve de reproches, que m'avait lancée à la figure, Monsieur Durand, il y avait celui d'avoir refusé à un élève de lui prêter un stylo bleu parce que comme je lui avais dit :

-	C'est presque la fin de l'année et que je n'en ai plus en stock.

Quels propos choquants !  A son avis, les enseignants devraient être toujours en mesure de fournir du matériel à l'enfant.

Il prétendit également que je criais. Je contestai : Je parlais peut-être fort de temps en temps mais en aucun je ne criais. Il n'avait pas su faire la différence entre parler avec un volume sonore élevé, effectivement je devais parler fort car, je l'ignorais encore et je découvris plus tard ma surdité, et crier qui relève du forçage vocal.

Or, je prends toutes les précautions dans mon métier pour préserver ma voix, d'autant plus que j'adore chanter et je le fais volontiers avec mes élèves.

A ce sujet, je me permets d'ouvrir une nouvelle parenthèse pour préciser que je suis toujours volontaire pour gérer et animer la chorale dans les écoles où je pratique.

Ainsi, je peux m'enorgueillir d'avoir rassembler des centaines d'enfants dans des chorales pour les faire chanter mais aussi danser. Mes chorales sont dynamiques, mes élèves ne restent pas statiques, les bras le long du corps, comme je le vois souvent, car les chansons sont toujours accompagnées de gestes ou de mouvements ou de pas de danse.

Je fais chanter mes élèves sur des titres de variétés françaises et internationales. Je ne leur enseigne pas les chants traditionnels, cela m'ennuie et ils les apprennent en maternelle.  Les séances de chorale ont comme objectif un spectacle d'école en présence des parents.

Je pratique aussi le chant signé, ou le chant-signe, sous une forme particulière c'est-à-dire que les élèves interprètent certains chants que j'ai traduit, au préalable, en Langues des Signes Française.  C'est un exercice très difficile car il nous oblige à synchroniser les signes et les paroles mais nous y sommes parvenus. Ainsi parmi les tubes les plus connus, nous avons interprété ensemble : *savoir aimer* de Florent Pagny et *Je vole* de Louane,

J'animais, ainsi, la chorale en tant que cheffe de chœur, pour trois classes ou quatre classes.  Les enseignants des classes participantes étaient là pour m'accompagner dans les chants et les postures des élèves et pour les encadrer ceux-ci.

J'appréciais beaucoup ces moments-là, que nous avions, pendant plusieurs années consécutives, partagés avec Laurence et Françoise, mes collègues et amies.

En outre, mes collègues, me laissaient les coudées franches dans le choix des chansons et l'organisation de la chorale.  Il m'est arrivé aussi d'accompagner mes élèves avec mon orgue électronique. Je pense à cette chanson d'Henri Salvador, *le loup la biche et le chevalier.*

Une année, j'avais fait apprendre à mes élèves des chansons de Michel Polnareff, dont je demeure une grande fan. Lors des répétitions à la salle de spectacle, j'étais aphone. Or, ma voix demeurait indispensable pour guider les élèves même s'ils connaissaient la chanson par cœur. Le résultat de cette répétition fut un fiasco. La conseillère pédagogique de musique qui était sur place me dit :

- C'est impossible de faire chanter Polnareff à des élèves, il fallait me le dire, je t'aurais donné des conseils !

Mais j'avais confiance en moi, je connais la musique, mes enfants sont eux -mêmes musiciens et des pianistes doués. La musique occupe une grande partie de nos vies. Je n'ai nullement besoin de formation. J'avais juste besoin de trois jours de repos vocal.

Le jour du spectacle, les enfants se donnèrent à fond et moi aussi, c'était très émouvant, très réussi ! : *La maison vide, lettre à France, la poupée qui fait non* figuraient parmi les titres interprétés. J'ai, d'ailleurs conservé tous les enregistrements de mes spectacles d'école.

J'adore ces moments de rassemblement, ces instants privilégiés où les parents comblés, caméras à la main peuvent capturer ces images mémorables.


Je reprends le cours de mon histoire.

Pendant la présence dans ma classe, du conseiller pédagogique. J'ai souvenance aussi que j'avais dit à mes élèves, avec une pointe d'humour, quand ils se sont rapprochés de mon bureau, en horde, pour me montrer leur travail :

-    Oh, j'étouffe, je ne peux plus respirer !

C'était dans le but de les amuser, je leur disais souvent en anglais pour leur signifier qu'il y avait trop de monde autour de moi (et ce sont des paroles de la chanson, *Earth Song* de Mickael Jackson que nous avions étudié et chanté en classe)

- *I can 't even breath* !

Ils étaient habitués à cette expression et ils n'étaient pas choqués contrairement à ce que pensait le conseiller pédagogique.

Pour finir, cet homme arbora une expression grave et me demanda sans ménagement :

- Quand souriez-vous ?

Et moi de lui rappeler que je n'avais pas fermé de l'œil de la nuit, il conclut par :

- Il fallait rester chez vous.

Voilà donc en quels termes ma conscience professionnelle fut récompensée !


Comme je m'en mords les doigts, maintenant ! Il aurait mieux valu, effectivement, que je ne vienne pas travailler, étant épuisée par la privation de sommeil.

Inévitablement, ce jour-là ma santé mentale fut mis à dure épreuve.

Je désirais, par-dessus tout, ne plus rencontrer cet individu, ne plus avoir à essuyer tous ses camouflets. J'avais déjà eu l'occasion d'être visitée par des conseillers ou des conseillères pédagogiques dans ma carrière, tout s'était toujours très bien passé, mais ce personnage était odieux !

Mais l'année n'était pas finie, et je l'ignorais encore à ce moment- là, je devais subir une énième visite, celle de mon supérieur direct.


C'est ainsi que le directeur de l'école m'envoya un texto tout début juin pour m'avertir que l'Inspecteur Monsieur Chenu « passera te voir le …juin… à 10h20 après la récréation. »

Je lui en demandai la raison par le même mode de communication mais je n'obtins aucune réponse.

« Passer te voir » pour moi signifiait rester quelques minutes avec moi pas forcément en classe car le lieu n'était pas précisé dans le texto. Ma crédulité m'incitait à croire que le directeur garderait mes élèves pendant le temps de notre conversation comme cela se fait d'habitude. Mais loin de moi, l'idée que le directeur serait absent ce jour-là et que cette visite s'apparenterait à une inspection déguisée.

Monsieur Chenu, arriva une heure en retard, il s'excusa.

Alors que mes élèves et moi étions à l'ouvrage, il m'interrompit dans ma lancée pour me réclamer des documents réglementaires.

Il m'enjoignit de lui remettre le cahier d'appel - Je précise que la vérification de celui-ci est obligatoire par l'inspecteur car c'est un document officiel - Il me réclama aussi mon cahier journal, le mien est toujours scrupuleusement détaillé et organisé mais la remise de celui-ci à l'inspecteur n'est pas du tout obligatoire et les enseignants ne sont pas obligés d'en tenir un, donc il outrepassait ses droits en me le réclamant. Et enfin, il me demanda mes progressions et programmations. Ces dernières étaient rangées dans des porte-vues dans le tiroir de mon bureau.

Cependant, il m'avait tellement impressionnée que j'avais oublié que je les avais à ma portée, ainsi, je lui répondis :

-       Je les ai laissées chez moi mais j'ai tout en tête !

Je voulais insinuer que je connaissais tout par cœur, ce qui tout à fait véridique au demeurant, compte- tenu des nombreuses années passées dans ce niveau de classe. Je l'informai que je ne n'aurais jamais imaginé être inspectée, dans ce cas j'aurais préparé tous ces documents.

Il me répondit qu'effectivement je ne pouvais plus être inspectée, compte-tenu de mon grade et de mon ancienneté.  Pourquoi était-il donc si pointilleux ?

Monsieur Chenu consulta 3 ou 4 cahiers d'élèves. Malheureusement pour moi, les mauvais, ceux pour lesquels le soin faisait défaut. Il ne daigna pas voir les autres cahiers qui étaient très bien tenus et qui étaient sur une autre table.  Il est certain, qu'en une heure, il ne pouvait pas passer tout en revue.

Néanmoins, visiblement, il s'était déjà fait une idée négative de ma personne dans une logique de généralisation abusive : Si un cahier est peu soigné, c'est pareil pour tous les autres.

De la même façon, il prit un cahier de texte et m'assena :

-    Vous donnez trop de devoirs !

 La page en question concernait la veille de vacances pour lesquelles j'ai coutume de donner des révisions. Je protestai en lui disant que je donnais très peu devoirs et que quelques mots à écrire, que cela prenait aux plus quinze minutes par soir. Il ne voulut rien entendre.

J'ouvre une parenthèse pour signaler que les devoirs écrits sont interdits, conformément à une circulaire de 1956 qui reste toujours en vigueur aujourd'hui. Ceux-ci doivent être limités à de la lecture et des leçons à apprendre, par souci d'équité, car il y a des parents qui sont capables d'aider leurs enfants et d'autres non. Cela pourrait créer des inégalités. Néanmoins, la majorité des professeurs des écoles donnent encore des devoirs écrits et on ne vient pas les importuner. Ils répondent aussi à une demande des parents qui souhaitent que leurs enfants reviennent à la maison avec une petite charge de travail.

A ce sujet, je me souviens, que lors d'une réunion de parents d'élèves, j'avais signifié aux parents que je ne donnerais pas de devoirs écrits conformément à la volonté de l'inspectrice qui se réfère donc à cette circulaire. Ils avaient insisté, moi aussi dans l'autre sens. Un des parents présent ce jour-là m'avait proposé de noter sur le cahier de texte à côté des devoirs : « à la demande des parents ». Je trouve cette précision judicieuse. Il valait mieux que je prenne mes précautions, ayant déjà été échaudée.

J'en reviens à la visite de mon inspecteur.

Je lui fis remarquer que mes élèves étaient particulièrement agités ce matin-là, sans doute à cause des nombreuses répétitions dans la perspective du spectacle de fin d'année.

Je déplorais que beaucoup se levaient sans m'en avoir demandé l'autorisation pour aller prendre un livre par exemple, en bibliothèque. Je dus aller les récupérer un par un pour les conduire à leur place afin d'éviter de devoir les interpeller et de parler fort en classe. Je ne tenais pas à ce qu'il me reproche de crier comme l'avait fait son collègue.

Mon inspecteur me retorqua que bien au contraire :

- C'est ça une classe, il faut que ça bouge, que les enfants vont et viennent !

Loin d'être anecdotique, cette réflexion me montra à quel point nous étions tous les deux aux antipodes.

Selon toute vraisemblance, le conseiller lui avait déjà fait un portrait au vitriol de ma personne et en arrivant dans la classe il avait déjà des *aprioris* et que, quoi que je fasse, rien ne lui aurait convenu.

Ainsi, j'avais demandé aux élèves, à la fin d'une séquence de venir me présenter leur travail à mon bureau, en file indienne. Cela ne lui avait pas plu. Si j'avais corrigé de manière magistrale au tableau, cela ne lui aurait pas convenu non plus.

Mais ce qui me blessa au plus profond de moi-même c'est quand il me demanda :

-       Madame, où en est votre mouvement ?

Je précise juste ici que le mouvement c'est la demande que l'on peut exprimer chaque année pour changer d'école, une demande de mutation en fait.  J'étais troublée et je répondis avec des trémolos dans la voix :

-       Pardon, quel mouvement, Monsieur Chenu ? Il y a un malentendu, je ne pars pas, je ne participe pas au mouvement, je reste dans l'école l'an prochain !

Et d'un ton bourru, il répliqua :

-       Ah bon, vous êtes ici l'an prochain ?  Et bien je vous prie de croire que je ne vais pas vous lâcher et que je reviendrai vous voir dès le mois de septembre et vous aurez affiché vos progressions et vos programmations !

Il poursuivi avec hargne, pendant que mon cœur palpitait :

-       Je crois savoir qu'il est prévu que vous ayez un CP, l'an prochain...

On avait donc déjà porté à sa connaissance que je ne changerai pas l'école donc pourquoi m'avoir mis mal à l'aise avec cette question ?

- Eh bien, moi, je n'en suis pas favorable du tout !

- Le CP m'a été imposé, puisque personne n'en veut dans l'école et qu'à titre personnel je n'y tiens pas particulièrement, je préfèrerais rester en CE1. Je suppose que vous ne voulez pas me confier le CP à cause du rapport « assassin » qu'à fait de moi votre collègue, Monsieur Durand.

Le fait que j'avais qualifié le rapport de son collègue comme « assassin » le rendit furieux.

- Comment osez- vous parler ainsi, Madame J. ! vous vous rendez compte de ce que vous dites ?!

Oui, évidemment, je m'en rendais compte, moi aussi j'avais le droit de fulminer. J'avais délibérément employé ce mot fort car je le ressentais au plus profond de moi. Cet homme, ce conseiller pédagogique, ce collègue avait assassiné mon travail ! Il avait anéanti toute ma confiance en moi. Il m'avait ôté le goût de me retrouver tous les jours devant mes élèves.

Mon supérieur prétexta, que, quand Mr Durand m'avait demandé quelle méthode de lecture j'allais utiliser, j'étais indécise. Il poursuivit :

- Vous utiliserez cette méthode X ou Y (il nomma deux manuels de lecture dont je n'ai pas souvenance) et vous n'aurez pas le choix !

- Pardon, Monsieur, et qu'en est-il de ma liberté pédagogique ? répliquai-je.

- Vous aurez la liberté de suivre le livre du maître et vous n'opterez pas pour une méthode de lecture sans mon approbation !

Voilà qui était dit. J'étais outrée ! Comment pouvait-il me parler sur ce ton ? Il s'adressait à une enseignante très expérimentée pas une débutante et surtout très chevronnée dans l'enseignement de la lecture. Je n'avais nullement besoin, à l'évidence, de suivre pas à pas un quelconque livre du maître. Je m'en inspire de de temps en temps pour varier les activités mais c'est moi qui prépare toutes mes séquences. Il se moquait de moi !

Je dois avouer que je ne supporte pas ces livres des maitres, « clé en main » qui font légion, depuis quelques années, où toutes les séquences sont préparées à la minute près et il n'y a plus qu'à les suivre, pas à pas comme une débutante. Dans ce cas, j'estime, que si la maitresse ne rajoute pas une touche personnelle, son rôle est purement exécutif.


En raccompagnant mon inspecteur à la porte, je lui rappelai à quel point, son collègue avait été odieux avec moi, je m'étais bien gardée d'employer cet adjectif, j'avais dit « désagréable » et qu'il « n'était pas compréhensif ». J'avais ajouté qu'il y a des jours où on peut être mal « lunée ». Je faisais référence à ce jour où j'étais épuisée par le manque de sommeil.

Il me répondit :

- En votre qualité d'enseignante, vous devez être toujours de bonne humeur sinon il faut rester chez vous !

Cette dernière remarque marqua la fin de notre échange et il prit congé de moi.


A la fin de l'année scolaire, mon inspecteur m'adressa un rapport, qui n'avait rien de négatif. Il ne mentionnait pas qu'il me refusait le CP. Il avait écrit que j'avais « bénéficié d'un accompagnement pédagogique » qui avait débouché sur « quelques recommandations », suite à une « réclamation » d'un parent.

Un avantage en somme ! Je n'en avais tiré aucun bénéfice pour ma part, bien au contraire !

Une « réclamation » d'un parent, donc pas une plainte, pas des plaintes. Etaient-ce des propos édulcorés ? ou ne s'agit-il vraiment que d'une « réclamation » ? Tout cet acharnement sur ma personne pour une réclamation ?

Trois jours plus tard, Jacky, le directeur, me convoqua dans son bureau pour me confirmer que l'inspecteur ne voulait pas que j'enseigne au CP l'année suivante et qu'il avait « négocié » avec lui en lui promettant qu'une collègue allait m'aider, Nathalie, qui était l'autre enseignante de CP.

Je protestai :

- Tu plaisantes, j'espère, je n'ai pas besoin que l'on m'aide, je suis preneuse de conseils éventuellement mais c'est tout !

Et il me confia, avec son lexique plus que familier, qu'il était bien « ennuyé » car personne ne voulait du CP à part moi et que si je le voulais bien, je pouvais prendre un poste de maternelle dans le même groupe scolaire. Je m'y opposai farouchement.

Je compris à ce moment- là que j'étais devenue *la persona non grata* dans l'école.


Je dus m'arrêter quelques jours pour surmenage et pour retrouver mes esprits. Ensuite, Je pris la décision de prendre conseil et soutien auprès de mes représentants syndicaux car je voulais que l'année suivante je puisse travailler en toute quiétude et que cesse cet acharnement sur ma personne.

Après avoir exposé en détail, à mon représentant syndical, la genèse de tous mes problèmes. Nous prîmes la décision d'un commun accord de demander une nouvelle audience à l'inspecteur afin de lui demander de mettre à terme à cet « accompagnement pédagogique ».

En effet il m'avait dit qu'il reviendrait me voir l'an prochain mais comme je ne rentrais plus dans le cadre des inspections, car à mon grade, on est supposé ne plus être « inspectable », il continuerait de venir me contrôler sous couvert d'un accompagnement pédagogique.

L'inspecteur se rendit à l'école en toute fin d'année, le directeur était présent et il y avait aussi mon délégué syndical. Ce dernier lui exposa la situation, l'informa que j'étais épuisée. Il mit en avant ma très grande expérience en disant que ce n'était pas pertinent, ni justifié de venir encore me rendre visite l'an prochain. Il ajouta, à juste titre, qu'on demande aux enseignants d'être bienveillants face aux enfants, mais qu'en est-t-il de la bienveillance des inspecteurs face aux enseignants ?

L'inspecteur fit la sourde oreille, il était intransigeant. Donc, j'eus une fin de non-recevoir.

Mon délégué syndical proposa un compromis : qu'on passe me voir en début d'année et que si tout se déroulait comme prévu, si j'avais affiché les documents demandés, le conseiller ou la conseillère pédagogique ne reviendrait plus. Il resta inflexible.

Ensuite, il lui dit que je ne voulais plus que ce soit Mr Durand qui vienne me rendre visite. Il ne m'accorda que cette dernière requête.

Jacky demeura quasiment muet, il ne prononça aucune parole réconfortante. J'aurais largement pu me passer de sa présence. Par conséquent, je ne reçus aucun soutien de sa part. Il ne m'avait pas du tout défendu. Il se contenta de boire les paroles de l'Inspecteur.

Je le sais à l'origine, des lettres des parents, car il disait souvent à moi ou aux collègues, pendant les réunions, qu'il n'était pas de son ressort de recevoir les plaintes des parents et que le cas échéant il leur conseillait de s'adresser à l'Inspection.

Le fait de leur avoir dit cela, les avait, je pense, encourager, à écrire pour se plaindre, d'autant plus que ces personnes avaient, en général, tous une profession et jouissaient d'un bon, voire très bon statut social.

Il se trouve que dans le courant de cette année, je pris connaissance de problèmes qu'avait rencontrés une jeune collègue, Jeanne, dans une école de cette ville.

Plusieurs parents avaient été méchants et médisants avec elle, ils avaient prétendu qu'elle disait des gros mots, qu'elle appliquait du vernis à ongles en classe et j'en oublie.

Je lui avais téléphoné pour prendre de ses nouvelles et elle m'avait confié qu'elle était bouleversée.  Son histoire avait même fait l'objet d'un article de presse.

J'avais envisagé, moi aussi, à un moment donné, quand ma douleur avait atteint son paroxysme, de contacter la presse, mais j'y avais renoncé finalement, préférant prendre la plume pour détailler mon histoire vécue, moi-même, sous le feu de l'émotion.

A la suite de ces ragots, cette collègue, Jeanne, avait demandé sa mutation dans une autre ville.

En me racontant son histoire, j'étais loin d'imaginer que la mienne serait encore pire.

L'année scolaire touchait à sa fin et au lieu de m'en réjouir, j'étais déjà dans l'appréhension des futures visites de conseillers pédagogiques. Mes vacances avaient été un peu gâchées par la conviction d'être dans le viseur de l'inspecteur. Il n'allait pas m'oublier si facilement et au moindre faux pas qu'il prétendrait comme tel, je devrais à nouveau supporter ses critiques.

Je sentais mon intégrité morale menacée comme par une épée de Damoclès au- dessus de ma tête.

# Année 3

Après des vacances bien méritées, pendant lesquelles mon esprit demeurait parasité par les mauvais souvenirs, une nouvelle année scolaire démarra, toujours dans la même école.

Il était toujours très anxiogène pour moi, d'être dans l'expectative de nouvelles visites.

Contre l'avis officieux de mon inspecteur et dans la mesure il n'y avait pas d'alternative, on me confia une classe de CP.

J'ouvre une parenthèse pour préciser que, l'attribution des classes se fait lors des conseils des maitres par ordre d'arrivée dans l'école.

Ainsi, les professeurs qui sont les plus anciens dans l'école sont prioritaires pour choisir leur niveau de classe. C'est l'usage et « c'est de bonne guerre » comme me l'avait dit, une ancienne directrice. Il peut y avoir des variables d'ajustement quand des collègues sont à temps partiel ou des enseignants débutants à qui en général, on ne confie pas de CP ou de double niveau. En général, dans tous les établissements où j'ai enseigné, les professeurs ne se bousculent pas pour le CP. Bien au contraire.

Dans cette thématique, je vais évoquer l'année où je venais d'être mutée, à ma demande dans une école. Après de longues années, en tant que remplaçante, je souhaitais avoir une situation plus stable et une classe à moi. Un collègue de l'école, Patrick, ne voulait plus du CP, car il était positionné depuis plusieurs années sur ce niveau. Ma nomination dans l'école représentait donc une aubaine pour lui.

Malheureusement pour lui, j'exerçais à temps partiel cette année là – ce que je fis pendant 4 ans – et l'inspectrice refusait qu'il y ait deux maitresses sur un classe de CP.

A ma grande satisfaction, cette année-là, on me confia un CE1, niveau de classe dans lequel j'étais restée pendant 10 ans, ma durée d'exercice dans cette école.

Patrick fut donc contraint de demeurer au CP malgré ses protestations. J'avais l'impression qu'il m'en voulait un peu. Cependant, nous n'étions pas en conflit, nous avions des relations normales et courtoises de collègues.

J'étais arrivée dans cette école en même temps qu'une autre collègue, Laurence, qui, elle avait récupéré l'autre CP car elle exerçait à temps plein. Laurence était restée dans cet établissement aussi longtemps que moi, et pendant toute cette période elle enseignait au CP et moi au CE1.   Nous sommes restées très amies, mes deux derniers fils avaient été élèves dans sa classe.  Elle avait demandé sa mutation dans une autre école où j'exerçais pour me rejoindre, nous y avons travaillé ensemble encore pendant 5 ans.

Pour fermer cette parenthèse, en cette troisième année de présence dans l'école des Amandiers, j'eus un différend avec une famille en particulier :

Victorine était une petite élève, qui, à l'évidence, manquait d'autonomie dans son travail scolaire mais aussi dans les tâches du quotidien : enfiler son manteau, prendre ou ranger son matériel. Je devais l'accompagner en permanence sinon elle ne faisait pas grand-chose, elle attendait, elle rêvait, et elle semblait toujours en quête de quelque chose qui serait tombée par terre, ses lunettes, ses stylos.

Il fallait que je la « pousse » gentiment, à travailler sinon elle ne faisait strictement rien. Elle semblait dans son petit monde et noyée par son matériel et par les consignes de travail. Elle pouvait rester plusieurs minutes par terre assise à attendre que ses lunettes réapparaissent comme par magie.

Je devais lui donner ses cahiers, les lui ouvrir, l'assister pour tout, voir faire les choses à sa place. Néanmoins, elle possédait une très belle calligraphie, elle était entrée dans la lecture rapidement et n'avait aucun problème d'encodage. Elle adorait écrire et le faisait très bien sur son ardoise mais les traces écrites sur son cahier restaient très limitées. Donc son attitude n'était vraisemblablement pas due à un déficit cognitif quelconque.

Elle semblait dépassée par les évènements et ce qui me préoccupait c'était qu'elle ne réagissait pas à mes nombreuses sollicitations et à mes encouragements. Elle se comportait d'une manière beaucoup plus puérile que son âge. Elle jouait au « bébé » et suçait son pouce constamment.

Je pense que les parents l'encourageaient à agir de la sorte, car j'avais remarqué que son père la portait dans ses bras à la sortie de l'école, il la prenait sur ses genoux pendant l'entretien que nous avions eu, en fait il ne semblait pas favoriser son accès à l'autonomie.

Au cours de ma carrière, j'ai déjà eu quelques élèves du profil de Victorine, mais à la différence, que je n'avais essuyé aucun conflit avec les parents.

J'avais rencontré la famille à plusieurs reprises. La première fois, la petite se tenait sur les genoux de son papa alors que j'avais installé une chaise pour elle. Après m'avoir entendue exposer la situation, il dit à sa fille :

-    Je te fais confiance, Victorine, ça va aller, tu vas te mettre au travail.

Il s'adressa à moi et ajouta :

-    N'hésitez pas à m'appeler ou à m'écrire un mot sur le carnet de liaison en cas de problème.

Quinze jours plus tard, voyant que le comportement de Victorine n'évoluait pas favorablement, et conformément à la demande du papa, je pris l'initiative de contacter la maman par téléphone pour lui faire part de mon désarroi. Elle me confirma qu'à la maison, sa fille agissait de la même manière, elle était dans le même état d'esprit et dans la même posture.

Cela me rassura.  Elle me demanda conseil, je lui suggérai d'aller consulter un psychologue car pour ma part, j'étais « démunie ».

Nous voici arrivés au mot interdit qui s'avéra être un mot malheureux, et qui fut un élément déclencheur : « démunie ».

J'ignorais à tel point ce vocable pourrait revêtir une connotation péjorative pour les parents. Je l'ai plusieurs fois entendu prononcé par des collègues, et je l'entends encore, ils veulent dire, qu'à leur niveau, ils ont tout tenté mais ne peuvent plus rien faire, qu'il vaut mieux prendre de l'aide ou l'avis d'un intervenant extérieur. Personne, n'a tenu rigueur à ces professeurs pour avoir employé ce mot.

Le lendemain, la petite me porta une lettre à mon bureau, bien accablante qui se termine par la phrase suivante : « puisque Madame J. est démunie, je la juge incapable, d'être la maîtresse de ma fille, et donc j'exige immédiatement un changement de classe ! » Il y avait une copie de cette lettre manuscrite pour le directeur.

Ce que j'ignorais c'est que les parents, avant de me connaître, et dès le premier jour de la rentrée avaient demandé au directeur de mettre Victorine dans la classe de ma collègue qui enseignait depuis longtemps dans l'école et qui avait une bonne réputation.

Comme me l'avait dit à juste titre mon amie Cécilia :

- Tu n'y peux rien, dans cette école, il y a des maitresses vedettes, qui sont connues, c'est ce que veulent les parents, ce n'est pas contre toi, en particulier, depuis le début, ils voulaient que leur fille soit chez Nathalie.

De toute évidence, ils ne faisaient pas confiance aux nouvelles recrues.

A la suite de ce courrier, nous nous réunîmes en conseil des maîtres et nous décidâmes que « On ne vient pas à l'école comme dans son marché, on ne choisit pas la maîtresse de son enfant » comme on choisit un produit dans un magasin. Il fallait à tout prix ôter aux professeurs cette valeur mercantile qu'on leur attribuait dans cette école.

J'étais en accord avec ce principe, sur le fond surtout qu'il y avait un risque de contagion, car d'autres parents, au moindre heurt avec moi, pourrait demander le changement de classe.

En revanche, je redoutais les conséquences de ce refus : les difficultés relationnelles avec les parents et les remontées très probables au niveau de la hiérarchie.

J'étais donc face à un dilemme : je ne savais pas s'il était préférable qu'elle change de classe pour avoir la paix où qu'elle reste par principe, pour ne pas céder aux parents.

En outre, je voulais contrer l'effet boule de neige sur mon mental : ajouter des problèmes à ceux déjà existants.

Jacky avisa donc les parents de notre décision de ne pas changer Victorine de classe.

Mon inspecteur était visiblement au courant de la demande expresse des parents puisqu'il décida de diligenter la visite de la maîtresse violence. Et rebelote !

Revenons au fait qu'à cette visite venaient s'ajouter celle qui étaient prévues dans le cadre de mon « accompagnement pédagogique » qui je le rappelle, n'avait pas été levé par mon inspecteur.


La maîtresse violence, Marie était égale à elle-même :  toujours aussi sympathique, agréable, en un mot : bienveillante.

Lors, de sa visite, pour statuer du cas de Victorine, elle ne releva rien dans mon comportement inadéquat de mon part qui pourrait justifier un changement de maîtresse. Elle nota que Victorine, bien que réservée, communiquait avec moi et avec ses camarades.

Elle me prodigua des conseils, certains étaient avisés mais d'autres étaient curieux :

Elle me dit :

-   Tu sais, le frontal, cela ne fonctionne plus maintenant avec les élèves, tu as une autorité naturelle, c'est peut-être pour cela que tu impressionnes Victorine, peut-être, devrais-tu être moins directive avec elle, par exemple au lieu de lui dire de mettre ses lunettes, lui dire « tu n'as rien oublié sur ton nez » ?

Voilà où nous en étions, j'avais toujours pensé qu'avoir une autorité naturelle, c'était un atout, se faire obéir d'un simple regard se faire respecter, sans crier, j'y étais parvenue au bout de quelques années, devrais-je revenir en arrière ?

Au moins ces propos, loin d'être malveillants, ont le mérite d'être risibles.

Marie rencontra les parents, elle les rassura, nous avions mis en place un protocole de suivi de la petite fille, un peu comme pour Félix. Mais malheureusement cela ne produisit pas beaucoup d'effets, Victorine ne semblait toujours pas réactive.

Un jour je l'avais envoyé terminer son travail chez une collègue, plus qu'une mesure punitive, c'était pour qu'elle puisse se concentrer un peu mieux, dans une autre ambiance. Je ne l'avais même pas grondée je lui dis juste « tu vas terminer ton travail chez Madame Hernandez, et tu reviendras quand tu auras fini ».

Que n'avais-je pas fait ? Les parents m'écrivirent pour me voir de toute urgence.

Je fus contrainte de voir les parents le jour même, et, dans le bureau de Jacky, la mère, en larmes, s'exclama, la voix tremblante :

-    Vous l'avez humiliée en l'envoyant, chez Madame Hernandez !

Ce qui était tout à fait incohérent, au passage, étant donné qu'elle avait requis un changement de classe.

Et le père de rajouter, calmement, avec diplomatie. Fonction oblige ; il avait un poste à haute responsabilité à la mairie d'une ville voisine :

-    Nous ne mettons pas en doute les qualités pédagogiques de Madame J. qui sont sans aucun doute, très bonnes, le fait est que cela ne « matche » pas avec ma fille, c'est tout, c'est pour cela que nous redemandons le changement de classe.

J'arguais que j'étais désolée que cela ne « matche » pas avec sa fille, pour reprendre son expression, et que, mes quatre enfants n'ont pas toujours « matché » avec leur maîtresse sans pour autant que je demande le changement de classe.

Le directeur resta laconique pendant tout notre entretien pour ne pas déroger à ses habitudes.

Les parents retournèrent voir l'inspecteur, ce dernier ne voulut pas se prononcer seul. Il fit une nouvelle réunion de l'équipe pédagogique pour discuter de la pertinence du changement de classe. Je n'avais pas souhaité participer à la réunion car j'étais trop exaspérée.

Les enseignants optèrent pour la majorité d'entre eux pour le changement de classe.

Le directeur m'avisa de cette décision et, sans aucun scrupule, il me demanda de rencontrer les parents qui attendaient, pour leur remettre le cartable de Victorine et prendre congé avec eux afin de rester en de bons termes.

Je répondis par un non catégorique. Je bouillais intérieurement et je me sentais terriblement mal, tout mon corps était endolori. Je fus prise d'un mal de ventre psychosomatique et j'étais au bord de larmes. Je vivais cet évènement comme un échec personnel, comme une déchirure. On m'avait retiré une élève.

Nous étions au mois de janvier, on ne m'avait pas laissé le temps de retravailler ma posture avec elle afin que je puisse regagner sa confiance.

Avec le recul, je ne pense pas que Victorine souhaitait cette situation car nous n'avions pas de difficultés relationnelles et quand par la suite elle me croisait dans la cour, elle me souriait ou cherchait mon regard.

Je comprenais pas du tout ce qu'on me reprochait hormis ces griefs futiles.

Après le départ de Victorine, ma santé mentale et physique fut impactée, je souffris de fortes douleurs à l'estomac. Je pris quelques jours de repos pour faire le point et surtout digérer toutes ces agressions.

Malheureusement, à mon retour, je dus essuyer un différend avec un autre parent d'élève malveillant et agressif :

Maria n'était pas une élève motivée, elle entrait difficilement dans la tâche, mais ce qui m'inquiétait dans son comportement c'était qu'elle me semblait préoccupée et crispée. Quand elle écrivait, sa main tremblotait, elle se trémoussait, ce qui impactait fortement sur son geste graphique.

Je pris la décision de convoquer les parents par le biais du carnet de correspondance comme j'ai l'habitude et qu'il convient de faire.

Le père se présenta seul un matin à 8h. A la suite de l'exposé de la situation, il se montra très agressif envers moi.

Il m'assena :

- L'année dernière, il n'y avait pas de problème, que voulez -vous que je vous dise, moi, faites votre boulot, ce n'est pas le mien, moi je suis expert-comptable ! Et vous savez les parents communiquent par *WhatsApp* et parlent de vous !

Force est de constater que dans cette école, les parents d'élèves mettaient souvent en avant leur profession. Beaucoup étaient des cadres supérieurs.

Je mis fin à la conversation car visiblement il n'y avait pas de discussion possible.

Cette histoire m'avait fortement ébranlée. J'avais été malmenée par ce parent d'élève et je me sentais mal dans ma tête, dans mon corps, plusieurs jours durant. Je me voyais la cible des réseaux sociaux.

J'allai voir Jacky pour lui en parler, il prit acte sans la moindre empathie de sa part. Il n'eut même pas l'idée ou la volonté d'en parler aux collègues, ni de convoquer les parents. Par conséquent, je ne reçus aucun soutien de sa part.

Quinze jours plus tard, j'appris que les parents souhaitaient me rencontrer à nouveau. C'était la mère qui en avait exprimé la demande sur le cahier de liaison. Je lui répondis en substance que je la rencontrerais avec plaisir, elle, mais pas son mari car il s'était montré très agressif envers moi.

Ce fut le père de ma petite élève qui me répondit, quelques jours plus tard, me confirmant qu'il voulait me revoir.

Ainsi, conformément à son désir, je le rencontrai à nouveau. Je saisis l'occasion pour lui rappeler son mauvais comportement à mon égard et son évocation des réseaux sociaux.

Les choses prirent une tournure inattendue ; il se montra très calme et il fit profil bas.

Il avait sollicité ce rendez-vous pour s'excuser et se justifier : Ce matin-là, où je fus la victime de son courroux, il venait d'essuyer une dispute avec sa femme et de surcroît il était en instance de divorce.

Il me dit d'un air contrit :

-	Je ne discute pas du tout sur les réseaux sociaux, je n'ai rien à voir avec ça !   Je n'ai absolument rien contre vous, moi, Madame !

J'étais rassurée, soulagée. Je repris donc le cours de mon travail rassénérée : Le dialogue avait été restauré et, pour une fois, un parent faisait acte de pénitence.

Je me rapprochais donc un peu plus de Maria, désormais j'avais pris conscience que son attitude était une réaction à ce qu'elle subissait dans le milieu familial. Je la réconfortais, elle commençait à se détendre peu à peu.

J'eus cette même année des rapports tendus avec une autre maman.

Le fils cette dernière, Djibril était un élève très agité mais surtout il perturbait ses camarades en classe et les éloignait mentalement de la tâche à accomplir.

Je pris contact avec la mère par l'intermédiaire du cahier de liaison et lui écrivis que je voulais la rencontrer afin d'évoquer le comportement de son fils.

Lors de notre entretien en présence de Jacky, elle se défendit en me disant qu'évidemment « tout se passait bien l'année dernière », un pseudo-argument, qui est souvent mis en avant dans ce genre de situation.

En outre, elle pointa du doigt ma façon d'enseigner la lecture jusqu'à me demander pourquoi avoir procéder de la sorte, pourquoi avoir choisi tel texte et ainsi de suite.

En somme je devais endosser la responsabilité du comportement inadapté de son fils : une réaction fréquente pour ce type de parents de mauvaise-foi.

Le directeur, fidèle à lui-même, n'intervint pas, et laissa la maman exposer ses griefs contre moi. Je lui répondis froidement qu'elle « n'allait pas m'apprendre mon métier ». Et comme beaucoup de parents de cette école, elle n'oublia pas de mentionner au gré de la conversation son poste de responsable aux ressources humaines qui, je suppose lui donnait le droit de critiquer mon travail.

Sans faire de transition, je me souviens d'un fait un peu anecdotique mais qui vaut peut-être le détour. Il s'agit un léger heurt avec un tout jeune enseignant de l'école.

Nous étions de surveillance de cour tous les deux simultanément et pendant qu'il s'adressait à un élève, je lui dis, que je devais aller aux toilettes. Il est normal et d'usage de prévenir la collègue ou le collègue si on doit s'absenter même une minute pour qu'il ou elle redouble de vigilance. Il me répondit crument :

-   Tu ne vois pas que je parle à mon élève, tu m'interromps c'est mal poli !

Je n'en revenais pas ! Je lui fis platement mes excuses et je me rendis aux lieux d'aisance.

Je pensais que c'était vraiment un imbécile et que c'était lui qui m'avait manqué de respect en me répondant de cette façon. C'était un comble, j'étais une de ses collègues, j'avais 25 ans de plus que lui ! Et, lui, il avait osé sacraliser la parole d'un enfant au détriment d'un besoin vital d'un adulte.

J'avais raconté cette anecdote à mes collègues à l'occasion d'un déjeuner, car cela m'avait affectée dans une certaine mesure. Ils s'en étaient amusés et réprouvèrent le comportement de cet homme. D'une manière générale, en dépit du fait que je me confiais peu, je m'entendais bien avec eux tous, nous nous retrouvions même à chaque fin de période au restaurant et il y régnait une bonne ambiance.

Cette troisième année fut la dernière dans cette école. Je me résolus, non sans peine, à demander ma mutation. Je me sentais toujours indésirable. Il fallait que je prenne la poudre d'escampette. Je le déplorais amèrement car j'avais obtenu l'accès à cette école, après plus de 20 ans d'ancienneté. J'éprouvais le besoin impérieux de tourner la page et de me purifier de ces médisances.

L'inspecteur prit contact avec moi, en toute fin d'année par téléphone. Pendant cet entretien, je ne m'étais exprimée pratiquement que par mono- syllabes. C'était un calvaire de communiquer avec lui, après le supplice qu'il m'avait infligé ; ce satané accompagnement pédagogique.

Il m'interrogea sur mon ressenti par rapport à dispositif dont j'étais la victime et pas la bénéficiaire, contrairement à ce qu'il prétendait.

Il déplorait que la conseillère pédagogique n'ait pu venir qu'une seule fois à cause de nos absences respectives. De mon côté, je m'en réjouissais mais je ne pouvais pas lui avouer. Je ne voulais pas verser de l'huile sur le feu et je souhaitais parler le moins possible avec cet homme.

Et je lui répondis laconiquement :

-	C'est toujours bien d'avoir des conseils.

Mais je ne le pensais pas le moins du monde. Il ajouta :

-	Qu'en - est-il de votre avenir professionnel ?

Je lui répondis que j'allais quitter l'école vu que « c'était ce qu'il voulait ».

Il acquiesça :

-    Oui, vous vous en souvenez, on a évoqué cette possibilité l'an dernier ?

Et bien entendu, je m'en souvenais puisque j'avais été poussée cavalièrement vers la sortie.

Il chercha à connaître quelles écoles j'avais demandé au « mouvement », je me gardais bien de lui révéler mes choix.

Je souhaitais par-dessus tout qu'on me laisse en paix, qu'on cesse de s'acharner sur ma personne.

Je pense que si, j'avais exercé dans le secteur privé, on aurait assimilé aisément ce que j'ai vécu à du harcèlement professionnel.

Mais ne faisons pas de vagues ….

L'année scolaire s'achevait enfin.  Une page se tournait.

Du moins c'est que je m'efforçais de croire.

Mes vacances se profilaient plus détendues que les précédentes.

Je souhaitais que ma hiérarchie m'oublie et qu'elle me laisse tranquille.

Je désirais reprendre mon travail sereinement, retrouver une certaine forme d'anonymat, me reconstruire ailleurs, sans avoir cette sensation oppressante d'être épiée, d'être jugée.

En arrivant dans cette école, j'avais été très enthousiaste car j'avais atteint mon but.

J'étais à des années-lumière de penser que cette expérience de trois ans, aurait des conséquences désastreuses sur ma conception du métier mais surtout des répercussions émotionnelles intenses qui évolueraient crescendo.

Je quittais l'école avec regret et amertume, sans perte ni fracas et aussi discrètement que j'y étais entrée.

# Année 4

J'obtins au « mouvement », l'école que j'avais demandée en premier choix, plus proche de mon domicile. Je rebaptiserais cet établissement, le Chêne vert.

Quelques jours avant les vacances scolaires, je pris contact par téléphone avec la directrice du Chêne vert, afin de me présenter. Elle m'interrogea sur mes « états de service » et quand je lui répondis « 26 ans », elle me lança un « bienvenue » jovial.

Nous nous fixâmes un rendez-vous afin de formaliser les choses, et surtout d'obtenir les codes pour passer mes commandes de fournitures. Nous nous vîmes brièvement, elle me présenta à certains collègues qui étaient présents parce qu'ils rangeaient leur classe.

Mon niveau de classe n'était pas encore déterminé. Il restait un CM1/CM2 ou un CP/CE1 à attribuer. Comme j'étais la dernière arrivée, je devais opter pour l'un ou l'autre, c'est comme cela que cela fonctionne, mais j'étais quand même prioritaire dans mon choix car l'autre collègue était toute jeune et c'était sa deuxième année d'enseignement.

Cela ne m'enchantait pas d'avoir un « double-niveau » car cela suppose une double charge de travail mais le CP/CE1 me convenait mieux car j'avais une longue expérience dans ces deux classes.

Le lendemain, elle me rappela pour m'informer que finalement j'aurais un CP. Ces changements se produisent parfois, car il y des inscriptions pendant les vacances et même encore à la rentrée, il peut arriver qu'on attribue à un professeur une autre classe que prévue mais en général cela concerne les nouvelles recrues. Heureusement, pour ma part, cela ne m'affectait pas trop car je n'avais pas passé mes commandes.

Je dus retourner la voir, car je constatais que mes codes ne fonctionnaient pas après plusieurs tentatives, et je ne pouvais pas finaliser mes commandes. Elle insista cavalièrement pour me dire que c'étaient les bons, je sentis déjà à ce moment-là une certaine hostilité à mon égard, elle semblait très expéditive.  Quand enfin, elle constata que mes codes étaient erronés, elle me proposa d'utiliser les siens.

C'est ainsi que je pus faire rapidement mes commandes afin qu'elle puisse les valider avant les vacances.

Dès mon arrivée dans cette école, je me retrouvais dans l'obligation d'utiliser le nouvel outil qu'est le tableau numérique. En effet, le maire avait réalisé des gros investissements pour doter toutes les écoles de cette ville d'un ensemble informatique.

Je n'avais jamais utilisé ce tableau, j'écrivais, jusque- là de façon traditionnelle sur un tableau blanc avec des feutres. Et même pendant plus de vingt ans, c'était encore le tableau noir qui bornait les murs des classes et les craies qui produisaient sur moi, d'ailleurs, une toux inextinguible.

Une collègue de l'école m'enseigna à la hâte quelques rudiments du ENI (ensemble numérique interactif) et je m'auto-formais sur le tas au fur et à mesure. Mais j'avoue que l'informatique est loin d'être mon domaine de prédilection, je n'en fais qu'un usage basique.

Désormais, en classe, je me sers souvent du tableau numérique, mais je peux aussi m'en passer puisque durant  la plus grande partie de ma carrière, je ne l'utilisais pas.

Il s'agit en fait d'un ordinateur équipé d'un logiciel spécifique avec traitement de texte qui est relié à un tableau blanc en haut duquel est installé un projecteur. Nous pouvons diffuser donc toutes sortes d'images, des traces écrites, des vidéos. Cette technologie nouvelle rend l'apprentissage plus limpide et fait gagner du temps et de la visibilité aux élèves. Cela permet aussi de réaliser des sérieuses économies de photocopies et j'estime que le climat de la classe s'en trouve amélioré.

En effet, quand j'écris au tableau, je tourne le dos aux élèves et ils pourraient faire des bêtises. De cette façon au contraire, j'ai la vue sur l'ensemble de la classe.  Soit, je projette la trace écrite ou les exercices, soit, j'écris sur le clavier de l'ordinateur tout en gardant ma vigilance sur les enfants.

Un mercredi matin de la rentrée alors que je m'affairais à la préparation de ma classe, je reçus la visite d'un responsable de la mairie pour vérifier le matériel informatique et à ma grande stupeur, la personne en question c'était Monsieur Pierre, le papa de l'élève qu'on m'avait retirée de ma classe l'année précédente.

Sa présence m'indisposa mais il demeura très professionnel et nous n'avions pas du tout évoqué le sujet qui pourrait fâcher.

Désormais il savait que j'enseignais dans cette école et je gage qu'il ait instruit la directrice de nos différends car elle devenait de plus en plus blessante avec moi et fuyante quand je la sollicitais.

Plus l'année avançait, plus je la sentais méprisante à mon endroit.

Je détaillerais cet aspect des choses plus tard dans mon récit.

Je compris rapidement que la directrice et les collègues étaient au courant de mon passif avec cet homme car, lors d'une discussion à propos du matériel informatique et que j'avais signalé que Monsieur Pierre était passé me voir, un de mes collègues, évoqua le sujet d'une manière tout à fait naturelle en me demandant, si cela allait mieux avec lui, si on se parlait à nouveau.

Je lui répondis :

- Eh bien les nouvelles vont bon train ! Je ne voulais pas que cela se sache le problème que j'ai eu avec lui…

Les mots me manquaient, il perçu rapidement ma gêne :

- Non, non, ne t'inquiète pas, nous n'avons pas de lien avec lui, il n'y aucun problème, on ne travaille pas pour lui, on s'en fiche…

Je désirais taire cette histoire mais le monde est décidément trop petit. Ma pseudo réputation me collait-elle à la peau ?

Je tentais de remettre les choses dans leur contexte et de relativiser la situation : je n'étais pas, sans doute, la première maitresse à qui on avait retiré une élève. Néanmoins, je garde de cet épisode de ma carrière, un souvenir teinté d'amertume.

Je devais croiser cet homme à maintes reprises à l'école, lors des réunions ou dans les couloirs, il ne manquait pas de me saluer.

Comme je le mentionnais plus haut, cette année-là, je ressentais que la directrice n'avait pas d'estime pour moi, elle me malmenait avec ses paroles.

Au début de l'année, je ne m'en étais pas rendu compte : J'ai cette faille dans mon caractère qui me pousse à toujours considérer le meilleur chez un individu. Elle-même admettait qu'elle manquait de tact, que ses collègues le savaient et qu'il fallait l'accepter telle qu'elle était. Cependant, elle multipliait les critiques à mon encontre.

Je reviendrai sur son comportement plus tard dans mon récit. Je la soupçonne d'être responsable de la démission d'un stagiaire qui enseignait dans l'école. Elle lui avait très mal parlé dans le groupe *WhatsApp*, lui laissant entendre qu'il était incompétent.

Je communique très rarement sur ces groupes mais quand je l'avais fait en début d'année pour demander l'heure précise du premier conseil de cycles qui devait se tenir le lendemain, avant ou après déjeuner, si j'avais le temps de m'acheter de quoi manger, elle m'avait éconduit brutalement. Et comme notre échange se passait sur le groupe, tout le monde était au courant. Je ne pris donc pas le temps de m'acheter de quoi manger ce jour-là, mais certains de mes collègues arrivèrent en retard car ils avaient déjeuné au préalable.

Pour dresser son portrait rapidement, Cindy, était une femme altière, très grande, et j'avais l'impression qu'elle me toisait de son regard hautain et méprisant. Elle avait le verbe haut, la diplomatie n'était pas son fort, en tout cas, envers moi.

Elle disait, ouvertement, qu'elle ne « supportait » pas les élèves des petites classes et qu'elle ne savait pas « comment on faisait, nous les maitresses de CP et de CE1 et pour cela, qu'elle nous tirait son chapeau ».

A un moment donné, alors qu'elle entrait dans ma classe, un élève, la vit et lui dit avec sa voix de bébé :

-    Oh voilà la directrice, bonjour la directrice !

 Aussitôt, elle le rabroua :

-    Oh mais qu'est-ce qu'il veut, celui-là ! ? Tais-toi !

Mon élève voulait juste la saluer avec ses mots. Il était désappointé.

Cindy était appréciée en tant que directrice d'école au sein de l'équipe pédagogique par son dynamisme et ses compétences.  Ses collègues étaient ses amis, pour la plupart d'entre eux. Je précise qu'elle était entièrement déchargée donc elle n'exerçait pas en classe.

Sa façon de se conduire avec moi s'avéra totalement inique. Je pris conscience que je n'avais pas droit à l'erreur alors qu'elle était complaisante envers ses collègues.

Cette année-là, j'avais des élèves « durs », l'année suivante, également. Rétrospectivement, je peux affirmer, que ces classes avaient été les plus difficiles à gérer.

Mes élèves étaient très agités, peu concentrés, ils avaient du mal à tenir en place. J'avais un groupe d'élève en grande difficulté qui avaient du mal à entrer dans la lecture.

Cette classe était d'aspect hétérogène un peu comme toutes les classes d'aujourd'hui car lors des répartitions, les professeurs essaient, dans la mesure du possible de brasser les élèves selon leur personnalité et leur niveau. Mais surtout, il y avait un grand écart entre les élèves. Je n'avais pour ainsi dire pas de noyau de classe, pas d'élèves moyens, ils étaient soit bons voire très bons soit en grande difficulté. J'avais un groupe de petites filles très bavardes et qui étaient souvent en situation conflictuelle, mais j'avais surtout Miranda :

Miranda était une élève extrêmement agitée et troublée. Elle mettait tout en œuvre pour que ses camarades et moi, nous nous focalisions, sur elle. Elle se levait impunément, perturbait ses camarades, les interpellait en classe, parlait fort. Souvent je lui tenais la main, pour éviter qu'elle ne s'échappe ou pour essayer de la canaliser. Faire la classe avec elle relevait de la prouesse.

En dépit de cela, Miranda me manifestait beaucoup d'affection et c'était réciproque. Malgré mes réprimandes, elle recherchait en permanence mon contact et elle était toujours de bonne humeur.

Elle était en proie à des troubles psychologiques, son handicap était reconnu et notifié. Elle bénéficiait aussi d'un suivi extérieur. La pauvre petite avait été ballotée de famille d'accueil en famille d'accueil. Elle avait ses deux parents mais ils s'étaient vus retirés l'autorité parentale. Depuis environ deux ans, elle était confiée à Madame Youbi.

Cette mère d'accueil, avec laquelle j'entretenais des relations excellentes et régulières, était visiblement accablée de fatigue, elle me confia que Miranda dormait très mal et se levait la nuit agitée, et ce qui la préoccupait c'était qu'elle dérobait les affaires de la famille.

Les psychologues diront qu'un enfant ne « vole » pas, c'est presque un mot inapproprié et interdit et qu'à travers cet acte, elle cherche à exprimer sa souffrance et à attirer l'attention. Cependant, elle prenait la liberté de prendre mon matériel. Elle procédait de même avec les affaires de ses camarades. Je ne pouvais rien laisser de personnel en évidence à sa vue.

Cela faisait plusieurs années qu'elle était suivie par l'ASE (Aide Sociale à l'Enfance). Cet organisme l'avait confiée successivement à 7 familles d'accueil qui avaient renoncé à poursuivre la garde compte tenu du comportement de Miranda. J'avais appris plus tard, qu'elle avait épuisé sa maîtresse en grande section qui avait été arrêtée à plusieurs reprises.

Madame Youbi, la « tatie » de Miranda m'informa du passé de la petite. Personne ne m'avait prévenue auparavant que j'aurais une élève si difficile. Il aurait été préférable que j'en fusse avisée afin de m'y préparer.

La médisante Cindy détestait Madame Youbi, elle ne s'en cachait pas et me l'avait dit maintes fois. Elle affirmait qu'elle exerçait ce métier pour l'argent, alors qu'elle était peu rémunérée, et je suis certaine que Mme Youbi le faisait par humanité. Il était évident qu'elle aimait les enfants dont elle avait la garde, la petite était toujours bien vêtue, bien soignée et ne manquait de rien, elle n'oubliait jamais son goûter pour l'étude, par contre ce n'était pas le cas le lundi matin quand elle revenait de chez ses parents qui la gardaient le week-end.

Elle avait un frère dans l'autre CP, d'un an de plus, mais qui était plus docile avec sa maitresse.

Il m'arrivait souvent de devoir éloigner Miranda de ses camarades pour pouvoir assurer la continuité du cours. Pour ce faire, je me positionnais au seuil de la porte avec elle à côté de moi.

Tous les élèves de la classe subissaient les retombées du comportement de Miranda. Pourtant elle était très bien acceptée en classe, bien intégrée, pas ostracisée par les autres, je faisais en sorte qu'elle ne le soit  pas. Elle s'entendait bien avec ses camarades surtout les filles.

Malheureusement, il n'y avait pas que cette élève qui m'inquiétait, les enfants, par effet de contagion, qui étaient un peu agités, le devenaient encore plus à son contact.

Je dois dire, qu'à cause et aussi peut-être, grâce à ces élèves difficiles tels que Miranda ou bien avant, avec Oriane, j'ai appris à exercer mon regard à un champ de vision plus large, quasiment périphérique. Mes yeux opéraient des va-et-vient incessants de long en large et en travers.  Cette surveillance permanente représentait une charge mentale supplémentaire si bien qu'en fin de journée, je souffrais souvent de migraines. Et comme d'habitude, je ne sollicitais l'assistance de personne, sauf une fois ou deux et cela s'était retourné contre moi. Je le raconterai plus tard.

J'étais obligée de distancer certains élèves de Miranda pour éviter qu'elle ne les importune : un devant, un derrière, un à gauche et un à l'autre extrémité, un à côté de moi.

Il s'agissait d'une classe compliquée dont je me souviens de trois élèves en particulier qui semblaient n'avoir jamais été scolarisés :

Le premier, Arthus, qui venait de Russie, parlait quelques rudiments de français mais ne connaissait pas les lettres de l'alphabet. Avec grande peine, je l'avais fait entrer dans le processus du décodage, mais en mathématiques, il arrivait à produire quelque chose. Il était aussi très agité et perturbateur.


A ce sujet, Je voudrais ouvrir une parenthèse pour évoquer la situation des élèves primo-arrivants comme Artus.

Dans certaines écoles, des grosses structures surtout, il existe une classe dédiée aux élèves non-francophones, maintenant le terme a changé : on parle d'élèves allophones. C'était le cas dans cette école où le professeur spécialisé leur apprend le français et leur enseigne les bases (les prérequis) scolaires qui devraient leur permettre de comprendre et d'apprendre à l'école.

Pendant la moitié du temps scolaire, ils sont élèves dans cette classe et le reste du temps ils sont dans leur classe en « intégration ».

Cette classe spécifique pour élèves non-francophones s'appelle désormais : UPE2A, (Unité Pédagogique Pour Elèves Allophones Arrivants).

Les élèves y restent en général un an jusqu'à ce qu'ils aient acquis un niveau de français oral et écrit suffisant. Ce sont des classes avec un effectif réduit de 12 élèves.

Toutefois, mon élève ne pouvait pas intégrer ce dispositif car la priorité est donnée aux enfants plus âgés, à partir du CE2. L'école estime, en effet que les élèves non francophones apprennent facilement le français, quand ils sont jeunes, au contact de leurs camarades.

C'est ainsi que je devais me charger d'Artus toute la journée et ce n'était pas une tâche aisée.

Un jour ma collègue voisine, Josy m'entendit hausser le ton avec Artus et elle pénétra dans ma classe, furibonde, elle lui hurla dessus, elle recula sa table promptement contre lui. Je me souviens qu'elle avait levé avec sa main en lui disant :

-    Je vais t'en coller une si tu continues !

La maman se plaignit auprès de la directrice prétendant que Josy l'avait frappé. Ce n'était pas le cas, bien entendu. Josy n'avait nullement l'intention de le faire, elle voulait lui faire peur afin qu'il se calme. Peut-être Artus l'avait-il ressenti comme cela car elle s'était montrée menaçante en joignant le geste à la parole à cause de sa main brandie.

Cindy s'était empressée d'étouffer cette affaire et d'aller voir la mère pour démentir tout ceci avec moi car j'avais dit à la collègue qui était inquiète que je la soutiendrais et que je serais sa témoin au besoin, qu'elle pourrait compter sur moi.  Cela n'avait pas été plus loin, elle avait eu de la chance, elle avait su tirer son épingle du jeu.  Cindy et Josy étant très amies, cette dernière pouvait compter sur son soutien indéfectible.


J'avoue, qu'au cours de ma carrière avoir, maintes fois, entendu des enseignants, réprimander fortement des élèves, hurler sur eux, utiliser un vocabulaire péjoratif voire grossier, les secouer un peu en les tenant par le col ou par la manche.  Il peut arriver qu'ils perdent leur calme dans des situations particulièrement compliquées. Je ne crois pas qu'il faille leur tenir rigueur. Ce sont des femmes et des hommes comme tout le monde, pas pire et pas mieux que les autres, ils sont perfectibles comme tout à chacun. Ceux que j'ai vu agir ainsi, n'ont à ma connaissance pas été rappelés à l'ordre ou sanctionner, comme, moi je l'ai été, car j'assimile, en effet, mon accompagnement pédagogique à une sanction. Ils ont eu de la chance de bénéficier de la protection leur directeur ou leur directrice.

En ce qui me concerne j'essaie toujours de garder mon *self-control*, je m'adresse toujours poliment à un élève et surtout je ne dis jamais de grossièretés, elles ne font pas partie de mon vocabulaire. Malgré cela l'Institution m'avait attribué une image qui n'est pas la mienne, au prétexte que ce conseiller était venu une heure dans ma classe et que ce jour-là les apparences étant contre moi, il avait beau jeu à me cataloguer.


Le deuxième élève dont je voudrais parler est Léo. Léo était rétif à l'apprentissage de la lecture. J'avais demandé son redoublement et cela avait été accepté. Il semblait ne pas vouloir grandir et l'apprentissage ne pouvait passer que par le jeu. A la fin de l'année, il ne connaissait pas toutes les lettres de l'alphabet et en mathématiques, il avait un petit niveau de CP de début d'année.

J'avais aussi une troisième élève, Catarina, qui était toute chétive, qui faisait partie de la communauté des gens du voyage et qui fréquentait très peu l'école et donc n'avait pas appris à lire en fin d'année. Elle avait à peine un niveau de petite section de maternelle. Pour elle, le maintien avait été refusé par mon supérieur. Je reviendrai sur ceci plus loin dans mon récit.

Miranda, quant à elle, avait obtenu une aide humaine en cours d'année mais seulement quelques heures par semaine. Quand cette dame était présente, elle arrivait à faire travailler mieux la petite, et surtout le climat de classe s'en trouvait plus apaisé. Miranda était intelligente et rusée. Elle travaillait aussi avec moi mais quand je ne me consacrais qu'à elle exclusivement et que je laissais les autres élèves en autonomie. Mais il est impossible de laisser les élèves de CP plus que quinze minutes avec un travail en autonomie. Donc ces petits instants de rapprochement avec elle étaient comme un cadeau qu'elle m'offrait.


Pour revenir, à mon récit, j'avais enduré une année très fatigante physiquement avec des élèves difficiles mais aussi moralement à cause d'une directrice, Cindy qui ne m'appréciait ouvertement pas. A sa dégaine, à ses manières, à sa façon de s'adresser à moi, elle me semblait pétrie d'orgueil et pire, son attitude transpirait le mépris à mon égard. Mon impression se confirma à l'occasion de la passation des Evaluations Nationales.

En effet, en classe, de CP et de Ce1, chaque année, l'Institution nous demande de faire passer des « Evaluations nationales » aux élèves. Au CP, les enseignants le font à deux reprises dans l'année, une en septembre et une en janvier en milieu d'année scolaire. Au Ce1, il y en a une seule, à ma connaissance.

Ces évaluations comme leur nom l'indique servent à nous faire une idée précise du niveau de l'élève, ses points forts, ses points faibles, en maths et en français, et définir éventuellement les élèves à « besoins particuliers » pour lesquels l'enseignant devrait adapter sa pratique.

Elles nous servent en fait de point de « repères ». C'est d'ailleurs le nom que l'on donne à l'ensemble de ses épreuves. Plus haut, au niveau du Ministère, elles sont utilisées à des fins statistiques et servent à adapter les ressources et les programmes pédagogiques.

Ces tests sont identiques pour tout le pays et il y a des consignes de passation pour chaque épreuve qui doit être faite en temps limité. Il est recommandé d'étaler les passations sur la durée : de quelques jours à une semaine voir quinze jours, c'est à la discrétion de l'enseignant.

Au cours de ma longue carrière, j'ai eu souvent l'occasion de faire passer ces Evaluations Nationales à mes élèves. Donc je suis rodée à cet exercice. Habituellement j'étale les évaluations sur une durée maximum de dix jours. Cette année- là, cela m'avait pris deux ou trois jours.

Alors, que nous en discutions avec ma collègue de CP, Josy, je m'enhardis à lui signaler que moi « j'avais fini ». Bien mal m'en a pris ! Elle en informa séance tenante la directrice qui ne tarda pas à me le reprocher et ceci, de manière véhémente et de surcroit, devant les collègues. Elle alla même jusqu'à me menacer de le rapporter à l'inspecteur. J'avais beau jeu d'arguer que mes élèves avaient effectué les évaluations sans difficulté et que je ne voyais pas la nécessité d'étaler ses épreuves sur la durée, j'étais fautive à ses yeux.

Cindy était persuadée que cela allait fausser les résultats et que mon supérieur m'en demanderait des comptes. Les résultats étaient tout à fait dans la norme. Elle s'était fourvoyée mais s'était bien gardée de l'admettre.

Aussi, je me pose la question par rapport à cette collègue, Josy qui avait « rapporté » comme on peut le faire de manière puérile. Quelle était sa motivation à aviser la directrice de la promptitude avec laquelle j'avais fait passer ces épreuves ? Je n'en vois qu'une ; celle de me nuire et permettre à Cindy de me prendre de haut comme elle se complaisait à le faire souvent alors qu'elle n'était pas ma supérieure hiérarchique.

En effet, il convient de le rappeler, le directeur ou la directrice d'une école n'est pas le supérieur hiérarchique des enseignants. Il ou elle dirige une équipe. Les professeurs sont ses « adjoints ». Pourtant, j'avais remarqué, à mes dépens que cette directrice et celle qui lui avait succédé s'étaient comportées à plusieurs reprises comme si elles étaient mes supérieures.


Les accrocs avec Cindy s'accumulèrent :

Compte tenu du fait que cette année-là mes élèves étaient particulièrement remuants et bavards, il m'arrivait de signaler leur comportement aux parents par le biais du cahier de liaison dans un premier temps, et si dans un second temps, je ne notais pas d'amélioration ou que le parent ne me répondait pas, je demandais un rendez-vous.

Il advint qu'un jour, Cindy me convoqua dans son bureau car elle me faisait grief d'avoir écrit un message à la maman de la petite Chloé.

- Tu te rends compte, tu lui as écrit trois fois de suite, on dirait du harcèlement !
- Mais non, rétorquai-je, elle ne m'a pas répondu, donc je lui ai réécrit pour insister en quoi c'est du harcèlement, je vais lui téléphoner pour demander à la voir.

Je pense que si on ne peut plus se permettre d'écrire à des parents, deux ou trois fois sous peine d'être accusée de harcèlement, alors on marche sur la tête.

L'échange que j'avais eu avec la mère de Chloé était très courtois, voire plaisant. Je le dois aussi peut-être au fait que je demeure une personne diplomate par nature et de bonne composition en toutes circonstances. D'emblée, je m'étais excusée d'avoir réitérer mon message. La maman, au contraire ne m'en tint pas du tout rigueur et elle avait apprécié d'avoir été informée du comportement de sa fille en classe.

Il est clair que Cindy avait fait tout un fromage pour pas grand-chose. Elle aurait sans doute préféré que la situation s'envenime et souffler sur les braises.

Tout au long de l'année, cette maman et moi avions gardé d'excellentes relations, elle s'enquérait régulièrement auprès de moi du travail et du comportement de sa fille qui était attachée à moi, comme la plupart de mes élèves.

Chloé faisait partie de ces élèves douces, gentilles, douces et affectueuses. De ces élèves, j'en garde un souvenir ému : Là une main tendue, ici une petite tête qui se pose sur mon épaule, qui vient se blottir contre moi. Et surtout quand je suis gratifiée de ces paroles enfantines qui me font toujours énormément plaisir.

- Maitresse, t'es la plus gentille des maitresses !

Ou

- Maitresse, t'es belle !

Compliment auquel je ne manque jamais de répondre en renchérissant :

- Merci mais toi tu es magnifique !

Bon nombre des parents d'élèves me remercient pour ma patience, mes qualités professionnelles. Je réponds toujours, humblement que je fais mon travail du mieux que je peux.

Il va sans dire que je n'avais eu aucun problème de communication cette année- là avec les parents d'élèves.

Un jour pendant un conseil des maitres du premier trimestre, Cindy me prit à partie devant tous les collègues elle m'apostropha :

-    Betty, tes livrets, c'est n'importe quoi ! faut que tu changes les appréciations que tu as écrites !

Je restai interloquée mais surtout je ressentis ses propos comme d'une grande violence. Je sentis mon cœur marteler ma poitrine, des gouttes de sueurs perlaient sur mon visage qui était rougi par l'émotion. Je ne comprenais pas. Je ne voulais pas qu'on remarque mon malaise, je baissais ma tête comme pour me cacher sous la table.

Elle eut l'indélicatesse de relire à voix haute, certaines de mes appréciations devant tous les collègues présents.  Il est vrai que j'avais enchaîné deux phrases sans mettre de points ici et là car je n'avais pas une bonne visibilité, mon ordinateur étant en panne, j'avais rempli les livrets sur ma tablette.

Je ressentais le besoin impérieux de me cacher sous la table comme si j'avais honte et surtout je n'avais aucune envie de revenir l'après-midi travailler.

A mon retour à la maison, je relus plusieurs fois les appréciations de mes livrets, je me mis à ponctuer certaines phrases, à troquer un a pour un e, des coquilles donc, qui ne méritaient pas une remarque d'une telle ampleur. Je suis assez pointilleuse pour choisir mes mots et pour veiller à l'orthographe. Moi-même, en consultant des livrets de collègues, j'ai constaté, quelquefois, des erreurs de frappe ou des fautes d'orthographe. J'en ai trouvé aussi parfois dans les annotations des cahiers. La fatigue oculaire faisant son œuvre, cela peut arriver.

Une collègue m'avait laissé un message téléphonique pendant la pause méridienne, au nom de tous les autres pour m'affirmer de leur soutien, qu'ils n'adhéraient pas du tout à ce qu'avait dit Cindy et qu'ils étaient unanimes pour réprouver le comportement de Cindy.

Je revins quand même l'après-midi mais je me sentais hyper mal. Alors que je cherchais quelque chose dans mon armoire, comme pour me cacher , derrière la porte de celle-ci, une collègue, Margot, vint me voir, elle me fit une accolade et me dit qu'elle était vraiment désolée, que tout le monde me soutenait et que Cindy avait très mal agi. D'ailleurs elle avait été très réactive à ce moment- là en salle des maitres et avait manifesté aussitôt son opposition à Cindy. C'était la seule qui avait daigné intervenir.

Son geste me réconforta mais je me suis mise à pleurer, et entre deux sanglots, je ne parvins à articuler que quelques mots mais je ne me souvenais plus lesquels exactement.

Je crois que ce fut à ce moment précis que je commençais à ressentir ce trop plein d'émotions et que les souvenirs de l'école précédente que j'essayais d'oublier, remontaient à la surface. Ils venaient s'agréger à cet incident, ce qui rendait mon malaise insurmontable à cause de son effet cumulatif.

L'après-midi, je repris ma classe, avec des trémolos dans la voix, puis à la fin de la journée, j'allai à la rencontre de Cindy qui était dans la cour et je lui annonçai :

-   Tiens, voici les clefs de la classe, à la façon dont tu m'as parlé tout à l'heure, je n'ai pas de tout envie de revenir !

Elle resta stupéfaite, ne me répondit pas.

Je tournai rapidement les talons pour ne revenir qu'une semaine plus tard. Les vexations s'étant succédées à une cadence infernale, je n'aurais pas tenu le coup à ce rythme, il fallait que je me repose une semaine.

A mon retour, je me sentais un peu mieux. Les élèves étaient ravis de me revoir. Les collègues étonnés que je revienne si tôt. Je conserve en moi, cette satanée conscience professionnelle qui me fait penser que je suis indispensable et que mes élèves ont besoin de moi surtout que pendant mon absence, il n'y avait pas de remplaçante.

 J'évitais le plus possible Cindy, c'était elle qui venait me voir en cas de besoin.


Quelques temps après, saisie d'un élan de bonté, elle me proposa de prendre quelques élèves « difficiles » en atelier, le vendredi après-midi, pendant une heure ou un peu plus.  Je la remerciai lui disant qu'effectivement cela me soulagerait. D'autant plus, que Miranda faisait partie de ces élèves. Elle me demanda de lui préparer du travail pour ces élèves ce que je me hâtais de faire dès le lendemain. Cela me prit beaucoup de temps et occupa tout un mercredi après-midi. Je vins lui donner , jeudi matin le travail sur son bureau, en lui expliquant ce que j'avais prévu.

Tous les vendredis après-midi, j'attendais qu'elle apparaisse, elle ne vint jamais chercher mes élèves. Je me suis bien gardée de l'appeler ou de lui rappeler son engagement.

A la fin de l'année, la pochette d'exercices était restée sur son bureau, elle l'avait laissée sans l'emporter avec elle.

Ne jamais attendre rien de ses pairs, ne compter que sur moi-même pour n'être redevable de quiconque, mes devises qui font encore plus sens à la lueur de ces faits.

La fin de l'année arrivait à grand pas. C'était une bonne chose. Mais c'était sans compter des problèmes ultérieurs qui allaient surgir brutalement.

J'avais évoqué précédemment le manque de respect évident que montrent parfois, les jeunes enseignants envers les anciens, j'eus, à ce sujet, une nouvelle discorde avec une jeune professeure.

Je déplore ce manque d'inhibition, qui entache le respect que devraient avoir les plus jeunes envers les anciens. Ceci est, à mon sens, un phénomène sociétal qui se retrouve dans les rapports éducatifs entre les élèves et les professeurs, les parents et leurs enfants. Je pourrais pousser la réflexion plus loin mais ce n'est pas le propos de mon livre. Ce qui est sûr c'est que l'autorité et le respect sont en crise.

Il arriva que dans la cour de récréation, je m'étais rapprochée de cette jeune collègue pour lui poser une question, je ne me souviens plus laquelle, et qu'elle m'enjoignit aussitôt :

- Recule, tu n'as pas ton masque !

Comme je n'avais pas du tout saisi ce qu'elle m'avait répondu, je me rapprochai encore plus d'elle ce qui l'irrita davantage. Et elle hurla, je ne comprenais pas ce qu'elle disait.

En cette période de pandémie, dans la cour, il m'arrivait de baisser mon masque de temps en temps, comme tout le monde. Certains enseignants n'en portaient pas mais on ne leur reprochait rien.

J'étais très vexée, surtout qu'une jeune collègue me rabroue de la sorte.

Les relations avec Cindy s'étant un peu améliorées, je décidai de l'appeler pour la mettre au courant des mots qu'avaient prononcés à mon encontre cette collègue. J'étais crédule pour penser qu'elle la sermonnerait un peu.

Bien mal m'en avait pris ! Cindy lança sa déferlante sur moi, elle parla à bâtons rompus, elle me fit des tonnes de reproches,  que j'énoncerai plus tard.

Curieusement, je demeurais totalement étanche à ces propos qui étaient violents ; quelque chose me préoccupait beaucoup plus dans ma vie, c'était l'état de santé de mon père qui se dégradait à vue d'œil.

Il vivait ses derniers instants, et je l'ignorais ou je feignais de l'ignorer, il devait décéder un mois plus tard.

Ainsi, toutes ces histoires d'école, je les relativisais à cette période-là car j'estimais que mes problèmes n'étaient rien, une goutte d'eau face la lente agonie de mon père.

J'avais déjà informé mes collègues du mal dont souffrait mon père pour montrer que « l'école j'y pensais mais ce qui occupait mon esprit c'était l'état de santé de mon père ». Je reçus le soutien de mes collègues.


Je vais relater les propos acrimonieux que me tint cette personne, cette directrice, et qui montre à quel point elle faisait usage de la généralisation abusive d'un fait. Mais ce n'était pas la seule, malheureusement qui prenait un fait isolé pour une habitude. Mon inspecteur procèdera de même.

-    Tu ne portes pas de masque, tu ne sais pas que tu peux être contagieuse même si tu es vaccinée !

Je le portais tous les jours, tout le temps, une fois avait suffi pour qu'elle généralise ce fait isolé. Eh oui, évidemment que j'étais au courant de la dangerosité du virus. Ma fille, docteur en sciences, m'avait mise en garde bien avant sa prolifération et elle s'inquiétait pour moi, car j'ai une fragilité pulmonaire.

De nombreux collègues d'enseignants ne portaient pas de masque dans la cour, et discutaient sans respecter les distances de sécurité mais à eux, on les laissait agir à leur convenance car ils étaient bien vus, appréciés.

-	Tu mets les élèves au coin ! Tu ne sais pas que c'est interdit !

Effectivement, il m'arrive d'isoler un élève quelques minutes pour le faire réfléchir et alors ! Ce n'est pas tous les jours ! Et combien de professeurs le font ? Elle savait fermer les yeux quand ses amis collègues le faisaient.

-	Tu donnes des bonbons !

C'était vrai. Quand je n'avais plus d'images à ma disposition. Quel mal y a-t-il à cela ? Beaucoup de collègues donnent des bonbons en récompense.

-	Tes élèves font trop de bruits dans les couloirs ! Sonia est obligée de fermer la porte, quand ils passent.

Mes élèves, pas les autres ? J'entendais tous les élèves faire du bruit dans les couloirs. J'avais peut-être une différente perception du bruit étant donné ma surdité que j'ignorais, ils étaient peut-être plus bruyants mais il est très rare qu'un groupe d'élèves se déplace dans le silence. J'en fais encore le constat tous les jours.

Il était clair qu'elles discutaient à mon sujet ensemble. Pourquoi ne pas me l'avoir dit en face ? Dans cette école, peut-être que les enseignants ne supportaient pas le bruit alors que, dans la plupart des établissements que j'ai fréquentés, le bruit est continuel  à la descente comme à la montée des élèves, il y a même du chahut.

- Je ne vais quand même faire la police à ta place !

Je ne lui avais rien demandé.

- Tu punis tes élèves dans le couloir ! C'est interdit, ils ne doivent pas sortir de la classe !

Je ne laissais jamais mes élèves dans le couloir, seuls. Il m'arrivait de déplacer un élève avec sa table et sa chaise, pour le mettre juste à l'entrée de la classe et, moi, je me tenais à côté de lui et mon regard était dirigé vers lui et vers tous mes élèves. Elle m'en blâma alors qu'il y avait quelques élèves punis dans le couloir tous les jours. Mais il y avait deux poids, deux mesures, ces enseignants étaient ses amis, elle ne leur reprochait rien.

- Tu as des problèmes avec Miranda, elle sort de la classe, pour aller fouiller dans les poches des manteaux de ses camarades dans le couloir. Tu ne sais pas qu'un jour, elle pourrait manger quelque chose et avoir un choc anaphylactique !

Elle était sortie de la classe, une ou deux fois parce que je l'avais isolée au seuil de ma porte à côté de moi. Cependant depuis ces incidents, je redoublais de vigilance. Mais il n'y avait pas qu'elle qui me causait du souci comme je le narrais plus haut.

Or, Miranda s'appropriait les goûters de ses camarades, elle était très maligne, il suffisait d'un petit geste en sortant de la classe ; elle glissait sa main dans un cartable et le tour était joué donc elle aurait pu maintes fois avoir un choc anaphylactique. C'était un argument ridicule surtout qu'en début d'année, j'ai pour habitude de demander aux parents de m'informer des allergies éventuelles de leur enfant. Dans le cas où je n'ai pas de réponse, je ne leur offre rien à manger même pas un bonbon.

Ces propos allaient donc contre le bon sens.  En outre, les enfants qui souffrent d'allergie alimentaire sont bien identifiés dans l'école. Ils bénéficient de ce qu'on appelle un PAI (Projet d'Accueil Individualisé), un acronyme de plus dans le jargon de l'Education Nationale qui en abonde, et elle, Miranda n'était pas concernée par ce dispositif.

- Miranda, elle mange dans la main de Thérèse pendant l'étude, faut voir comment elle est avec elle !

Elle ignorait, ou feignait de l'ignorer, qu'avec moi également, Miranda faisait montre d'une grande tendresse. En outre, l'année suivante, elle ne manquait pas de venir me saluer quand elle me croisait ou de venir se blottir contre moi. Il va sans dire que Thérèse n'avait pas à la supporter toute la journée. Elle ne pouvait pas ressentir cette lassitude et cette fatigue autant que moi. On ne peut pas comparer des situations incomparables.

- Josy en a marre que tu viennes lui demander de l'aide pour Miranda, que tu la déranges dans sa classe !

Je lui avais confié Miranda à deux ou trois reprises, à peine une demi-heure car j'étais à bout. Encore le syndrome de la généralisation abusive.

Elle poursuivit :

- Tu te plains de ta classe alors que tu as des très bons élèves, ce sont ceux qui devaient aller en double niveau !

C'était complètement faux car je ne plaignais pas de ma classe dans l'école. Cela ne fait partie de mon caractère de râler sur mon travail ou de critiquer     mes élèves. D'autant plus que suis réservée et ce n'est pas dans mon habitude de discuter beaucoup. Je fréquentais très peu la salle des maîtres, on me l'avait déjà fait remarquer :

-	Tu devrais rester déjeuner avec nous de temps en temps, Betty !

Mais je préférais rentrer chez moi à chaque fois que c'était possible, retrouver le calme de mon foyer. J'avais déjà assisté au cours de ma carrière à plusieurs réunions en salle de maîtres assez houleuses pour ne me limiter qu'à des rencontres qu'en cas de nécessité ou de calendrier pédagogique.

Par conséquent, j'ignore comment Cindy pouvait prétendre que je me plaignais.

Il est vrai également que cette année-là j'avais quelques très bons élèves mais ils restaient aussi très remuants.

Effectivement, cette moitié de classe devait intégrer le double niveau qui était prévu initialement mais l'autre moitié de classe, elle, était composée d'élèves très faibles qui auraient été placés dans un autre CE1.

Je regrette de ne pas lui avoir assez de répondant pour dire à Cindy :

-	Qui es- tu toi pour me juger ?

En plus de mes problèmes personnels, ma priorité était d'éviter le conflit avec elle. Je redoutais qu'elle parle  de moi à l'inspecteur, donc je m'étais abstenue de riposter. Or, elle avait déjà mis l'inspecteur au parfum et je l'ignorais encore.

Je n'énoncerai pas toutes les phrases assassines qu'elle avait proférées à mon encontre.

Elle termina sa diatribe en me lançant d'un ton comminatoire :

-	L'inspecteur, va te surveiller, hein ! Il voudra sûrement demander à te revoir l'année prochaine !

Tiens donc ! Et encore des rapportages puérils ! Quelle mentalité !

Ainsi elle avait contacté l'inspecteur où peut-être avait-il déjà eu vent de mes problèmes les années passées et qu'il aurait cherché à se renseigner du comment cela se passait dans ma classe. Effectivement, notre histoire nous colle à la peau, tout se sait, tout se rapporte. J'en aurai la triste confirmation plus tard.

Je ne peux m'empêcher de me demander : Est-ce cela le rôle d'une directrice, aller médire sur ses « adjoints » auprès de l'inspecteur ?

Cette année-là, J'avais demandé le maintien pour un élève, pour une autre, j'avais un doute car c'était une petite gitane, Catarina, qui fréquentait l'école en pointillés. Je pense que ce n'était pas indiqué pour son cas pour la simple raison que son redoublement ne servirait à rien si elle continuait à s'absenter autant.

J'en touchai un mot à Cindy, pendant le Conseil des maitres, où on proposait les maintiens éventuels et elle me répondit par l'affirmative ; il fallait proposer le redoublement car il y avait une douzaine de gens du voyage dans l'école. Je ne voyais pas le rapport. Je n'étais pas d'accord. Mais, je me pliai à sa volonté. Par conséquent, il fallait préparer son dossier à elle et à l'autre élève.

Depuis quelques années, faire redoubler un élève demande beaucoup de travail administratif, il faut constituer un dossier avec des quelques travaux d'élèves.

Or, curieusement, je n'ai jamais eu à faire de dossiers de demande de maintien, au cours de ma carrière j'ai demandé le redoublement de quelques élèves, mais tout était plus simple avant, il n'y avait pas à constituer de dossier. Quand les parents étaient d'accord, les enfants redoublaient, quand ils ne l'étaient pas et qu'ils le notifiaient expressément sur « la fiche navette ». (La « feuille navette » c'est un document qu'on remet aux parents au cours du troisième trimestre, pour informer du passage ou du maintien dans la classe supérieure de leur enfant), on constituait un dossier pour présentation à l'inspecteur. Mais d'une manière générale, les parents ont le dernier mot. Ce que je déplore.

Pour le cas de Catarina, Je me demandais quels exercices j'aurais pu insérer dans son dossier pour la simple raison qu'elle avait produit très peu de traces et elle n'écrivait pas, elle avait un niveau de petite section de maternelle. Donc je lui proposais des activités de ce niveau.

Je glissais ainsi plusieurs documents dans son dossier avec les PPRE obligatoires en cas de demande de maintien.

Je précise que les PPRE (Programme Personnalisé de Réussite Educative) servent à prouver en quelques mots, que l'élève suit un parcours personnalisé, qu'il bénéficie d'une différenciation pédagogique. Mais la densité et le contenu de ce PPRE varie d'une école à une autre, d'un élève à un autre. Il y en a qui sont sur une seule page, d'autres sur deux ou trois pages, certains sont détaillés, d'autres moins. Les miens étaient présentés sur une page avec le détail des activités proposés aux élèves, ses « réussites » et ses « besoins ».

Je donnai les dossiers à Cindy afin qu'elle les remette en main propre à l'inspecteur. Elle les consulta à la hâte et me dit que s'il manquait quelque chose elle m'en informerait. Elle ne me signala rien de particulier.

Parallèlement à cela, je devais adresser un *email* à mon supérieur hiérarchique pour expliquer en quelques mots les raisons pour lesquelles je plaidais pour le redoublement pour ces 2 élèves.

Une semaine plus tard, un mercredi Cindy me téléphona pour me dire que l'inspecteur, je le baptiserais, Monsieur Leroy, voulait me voir pour évoquer mes demandes de maintien car il y en avait deux et cela faisait trop. Pourtant, c'était elle qui avait insisté pour le redoublement de Catarina.

Avec le recul, je gage qu'il s'agissait d'une attitude machiavelique et qu'elle était l'instigatrice de cette convocation.

J'étais appréhensive. Je me présentai devant lui. Il me dit qu'il n'était pas favorable au redoublement de Catarina pour les mêmes raisons que j'avais évoquées plus haut. Je lui répondis que c'était lui le décisionnaire, que moi aussi j'étais dans le doute, et qu'il n'y avait aucun problème. Je ne lui avais pas mentionné le fait que Cindy m'avait contrainte à demander le redoublement pour ne pas l'accabler. Pour l'autre élève, Téo, il était d'accord. J'étais satisfaite, souriante, nous étions à l'unisson.

Je pensais, à tort que cet accord marquait la fin de notre entretien. Ce ne fut pas le cas, ce dernier, poursuivit en détaillant les traces écrites que je lui avais fournies par l'intermédiaire de Cindy. Pour faire court, il m'interrogea sur les raisons pour lesquelles j'avais donné cet exercice avant un autre, choisi ce fichier et pas un autre, pourquoi la petite gitane avait si peu de travail, comment j'aurais pu faire autrement, elle avait fréquenté très peu l'école. Pourquoi mes PPRE étaient présentés de la sorte, alors que c'était le formulaire que l'on m'avait remis à l'école.

Il était virulent. Mais c'était son tempérament, il parlait fort et beaucoup, mais surtout il excellait dans son esprit de contradiction. Je le connaissais et je ne devais pas m'inquiéter de ses envolées vocales car il m'avait déjà inspectée et, malgré quelques conseils, j'avais été auréolée par une excellente note.

Il se comporta de la même façon ce jour-là avec moi sauf qu'au terme de notre échange il m'interrogea sur mon échelon, je lui répondis que j'étais gradée hors classe. Il le savait très bien, il avait sorti mon dossier qui était sur son bureau.  Il me regarda d'un air condescendant, en répétant :

-    Hors-classe ! Vous ? Eh bien !

Avec cette réponse, je pense qu'il voulait m'humilier et il y était parvenu.

Cela impliquait pour moi, qu'en fait, il m'avait convoqué pour juger mon travail. Et ceci, il n'y a pas l'ombre d'un doute, je le devais à Cindy.

Cependant, comme je le disais plus haut, je traversais une période difficile, et j'oubliais vite cet affront que me fit l'inspecteur. Mon père rendit son dernier souffle un mois plus tard.

Inutile de dire que cette fin d'année fut pour moi une période immensément douloureuse. Une déchirure, comme une partie de moi qui s'en était allée avec lui. Je ne m'étais absentée que quelques jours pour ne pas me morfondre dans mon lit à pleurer et je repris du service. Le décès de mon père n'avait pas impacté ma façon de travailler ou de m'occuper de mes élèves mais mon sourire naturel m'avait quitté et j'étais triste en permanence en classe.


Je reviens au cas de Téo. Sa mère, au départ, avait donné son accord pour le maintien, puis elle se ravisa en prétendant que son mari s'y opposait.

Je devais donc convoquer la mère pour plaider en faveur du redoublement mettant en avant les bénéfices que Téo pourrait en tirer. La directrice devait m'accompagner dans ma démarche. La mère dut se rendre à l'évidence ; j'avais réussi à la convaincre. Je le dis à Cindy. Quelques minutes après, la directrice reçut la mère dans son bureau en ma présence, j'avais déjà fait tout le travail ; la mère avait accepté le redoublement mais Cindy se comportait comme si elle l'ignorait et elle prit le relai pour argumenter, par principe. Pour couronner le tout, elle ajouta, sans vergogne :

Et l'an prochain, Téo, je le mettrai chez Sonia, une super maitresse, très compétente, tout le monde la veut dans l'école !

Comme si Sonia était bien plus compétente que moi !

Et de dire à ses collègues, que c'était elle qui avait réussi à convaincre la mère.

Non seulement elle était malveillante, mais elle faisait preuve de mauvaise foi et quelle bassesse de mettre en concurrence les enseignants !

Diviser pour mieux régner aurait pu être sa devise.

J'appris, quelques jours plus tard, qu'elle avait demandé sa mutation et l'avait obtenue.

Quel soulagement celui de ne plus jamais avoir à lui faire face, à lui parler, ni même à la croiser dans l'école !

Il était prévu que j'aie un double niveau CM1-CM2 à la rentrée prochaine.

Lors de la répartition annuelle, mes collègues ne m'avaient pas signalé d'élèves avec un   comportement problématique.


Par conséquent, je nourrissais l'espoir que cette année qui avait mal commencé et se terminait encore plus mal sur le plan professionnel et personnel, en laisser présager une autre plus sereine après le départ de Cindy.

# Année 5

Cette année-là, j'avais donc, un autre niveau de classe et une nouvelle directrice avait été nommée.

On m'avait attribué un double niveau CM1-CM2, comme prévu. C'était l'unique classe libre donc elle était forcément pour moi, étant la dernière arrivée. Je n'avais jamais enseigné dans ces classes sur une longue durée. Cette fois, je devais conserver cette classe, étant donné que, à mon grand regret, il n'y avait pas eu de changement de dernière minute.

Je n'étais pas emballée par la perspective de doubler ma charge de travail. Mais par contre, ravie de pouvoir enseigner plus en profondeur, l'histoire et l'anglais, mes disciplines préférées et plus de culture générale. J'adore donner des cours d'anglais et l'espagnol, je suis trilingue.

En début d'année, tout se déroulait très bien. L'ambiance de la classe contrastait avec celle de l'an passé. Les CM1 étaient plus calmes, plus attentifs que le CM2. Il s'agissait plutôt d'élèves de CM1 bons et travailleurs et des CM2 moyens mais plus agités donc la classe en termes de niveau scolaire était assez équilibrée.

La directrice, nouvellement nommée dans l'école, Martine, affichait un calme apparent, une grande disponibilité et affabilité tout à l'opposé de Cindy. J'étais toujours bien accueillie quand je me présentais dans son bureau, je ne craignais pas de la déranger où quand j'avais besoin de la voir de manière urgente pour un élève, je lui envoyais un message et elle venait rapidement.

J'abattais énormément de travail le week-end pour la préparation des séquences, je travaillais à des heures indues, d'une part à cause du double niveau et d'autre part parce que j'avais tout à faire, n'ayant jamais enseigné sur ces niveaux sur du long terme.

J'avais acheté plusieurs manuels avec mes propres deniers. Je passais beaucoup de temps à faire des recherches de documents, à les préparer, à les scanner mais aussi à corriger. Cela occupait tout mon week-end. J'avais aussi fait beaucoup de préparations pendant les grandes vacances.

C'était une situation inédite pour moi mais cela me convenait et j'y prenais goût.

Pour la gestion du double niveau, il me fallait redoubler de compétences organisationnelles et de méthodologie :

J'avais scindé la classe en deux, un côté les CM1 et de l'autre les CM2, chacune face à une partie de tableau.

Quand les CM1 travaillaient sur un support livre ou feuille d'exercice, les CM2 avaient besoin du tableau et inversement. Je procédais de cette façon pour éviter les interférences entre les thèmes abordés. Ainsi, par exemple, je faisais une séquence d'apprentissage en histoire qui nécessitait le tableau pour une seule classe, pendant que les autres faisaient des exercices de consolidation en mathématiques pour lesquels j'avais expliciter la consigne auparavant sous un mode plus autonome.

Cependant, il y avait des disciplines qu'ils étudiaient ensemble : la poésie, l'éducation morale et civique, le chant et l'anglais, les dictées (plus longues pour les CM2) et l'histoire des arts.


Cette cinquième année de mon histoire, j'étais la seule enseignante de l'école à qui la mairie n'avait pas fourni d'ordinateur. De plus, le son du tableau numérique ne fonctionnait pas. Donc, je me servais de celui-ci uniquement comme projecteur et j'apportais tous les jours mon ordinateur personnel pour le brancher au système. C'était contraignant, encombrant et lourd.

La directrice avait relancé la mairie une ou deux fois mais elle n'avait pas insisté. Je me demandais d'ailleurs si le litige que j'avais eu avec Monsieur Pierre n'était pas à l'origine de ce manquement. Je fis état de ce problème à Martine, et en même temps, je pensais l'informer de mon ancien conflit avec cet homme, mais elle semblait au courant, car elle n'avait pas montré d'étonnement, donc elle en avait été informée, certainement par Cindy.

Elle affirma que cette situation n'était en rien liée au différend que j'avais eu avec lui, qu'on me fournirait un ordinateur et qu'un technicien viendrait réparer. J'avais attendu plusieurs mois, mais jamais personne ne vint. Donc mon doute persistait et persiste encore.

Finalement, toute l'année, je dus transporter mon ordinateur et mon mari vint faire les branchements nécessaires pour avoir la connectique du son. On n'est jamais mieux servi que par soi-même.


Au début de l'année, tout se passait très bien. Mme Youbi, que j'avais toujours le plaisir de voir à la sortie des classes, me l'avait fait même remarquer :

-   Alors, elle est bien, votre classe cette année, cela va mieux ? Vous êtes rayonnante !

- Oui, c'est le jour et la nuit ! lui répondis-je.

Malencontreusement, mon enthousiasme s'égraina petit à petit, à mesure que l'année scolaire avançait : les CM2 devenaient de plus en plus remuants et contestataires.

En effet, j'entendais, de plus en plus souvent, les élèves demander le pourquoi du comment,  comme si, en tant que leur professeur je devais me justifier de la raison pour laquelle j'avais décidé de faire ceci, de procéder de telle façon ou d'enseigner tel matière à ce moment-là, de choisir tel élève pour m'aider et pas un autre, de mettre telle note, de ne pas pouvoir me conformer toujours à l'emploi du temps …

Cette ambiance devenait éprouvante pour moi. Je ne voulais pas et ne pouvais pas « négocier » à chaque désaccord avec les élèves, j'estime qu'il faut imposer les choses et s'imposer soi-même en tant que professeur, en tant que la personne-ressource. Au passage, le mot « négocier » est très présent dans l'Education Nationale car il faut souvent trouver des compromis  pour  apaiser certaines situations.

Il ne faut pas perdre de vue aussi que les CM2 étaient des pré-adolescents, ou des adolescents et qu'à cet âge, avoir un tempérament un peu rebelle relève de la norme. Cependant, certains franchissaient les limites. Je pense à 3 élèves en particulier qui, à eux seuls, m'avaient éreintée physiquement mais surtout moralement : appelons-les : Fatima, Lina et Jason : un trio infernal.

Fatima était une élève qui en début d'année était agréable, gentille et polie, puis progressivement et de manière insidieuse son comportement évolua graduellement :  elle commençait à contester, à se plaindre, refuser mon autorité. Elle était adepte de ces expressions protestataires :

- Mais pourquoi !
- C'est pas juste !
- Mais non ça se fait pas !

Je me faisais violence pour garder mon sang-froid mais son attitude m'insupportait.  D'autant plus qu'elle était très proche de sa camarade Lina qui faisait aussi usage de ces vocables. Ensemble, elles se potentialisaient. Elles étaient éloignées l'une de l'autre en classe mais elles trouvaient le moyen de discuter et de s'interpeller.

Mon autre élève, problématique, Lina était une enfant très intelligente, vive mais meneuse. Elle était très agitée, mais aussi très sportive. Elle était peut-être un peu narcissique car tous les regards convergeaient vers elle et elle adorait cela, se faisant remarquer de plus belle. Heureusement, la maman de Lina était compréhensive. Elle connaissait bien sa fille et ne réfutait pas mes dires. Je la voyais de temps en temps à la sortie de l'école et nous évoquions sans tabou le comportement de sa fille.

L'attitude qu'elle me montrait, s'opposait diamétralement à celle de la mère de Fatima. En effet, mon premier entretien avec cette dernière avait mis le feu aux poudres.

Avant de la rencontrer, je l'avais relancé deux fois par des messages brefs sur le cahier de liaison. Je n'avais pas obtenu de réponse donc il valait mieux que je lui parle de vive voix.

Je la vis à la sortie de l'école :

- Fatima, tu peux aller dire à maman que je souhaite lui parler ? demandai-je.

La mère se présenta devant moi, interloquée :

- Bonjour, Madame, je vous ai écrit trois fois sur le cahier de correspondance pour vous signaler que votre fille était très agitée en classe.

Elle fit les gros yeux et je repris :

- Il n'y rien de grave, c'est juste que j'aimerais qu'elle se calme un peu.

Elle monta aussitôt sur ses grands chevaux :

- Quoi ? Mais c'est un bébé ma fille ! Regardez là, vous dites qu'elle est méchante ! C'est pas vrai, l'an dernier tout se passait très bien, vous pouvez demander à son ancienne maitresse !

Elle hurlait.

- Madame, je n'ai pas dit que votre fille était méchante. C'est juste que je la trouve bavarde et agitée.
- Mais vous racontez n'importe quoi !

Elle continua à m'invectiver et comme la conversation commençait à s'hystériser à cause du comportement de cette dame, j'y mis fin et je pris congé d'elle sans autre forme de procès. A quoi bon poursuivre. J'avais déjà eu à subir ce genre de personne et il était souhaitable que je les évite.

Dès le lendemain et jours suivants, je remarquais que le comportement de Fatima avait empiré, comme si elle avait pris le dessus sur moi. Elle n'était pas sans ignorer la conversation que j'avais eu avec sa mère et elle en profitait visiblement, elle devenait de plus en plus consternante. Elle me répondait et surtout elle prenait la défense d'autres élèves quand je leur faisais des remontrances.

Faire la classe dans cette mauvaise ambiance, était comme vivre en enfer, je réprimais mes larmes, surtout que Lina faisait monter les enchères, l'alliance infernale : toutes les deux semblaient faire corps contre moi.

J'avais donné à Fatima, une ou deux punitions écrites, des sanctions banales, quelques lignes. Je l'avais prié à plusieurs reprises de changer de place dans le but d'éviter les conflits ou les bavardages. Elle devait se lever de sa chaise afin que je la déplace. Un jour elle s'y opposa et resta agrippée à sa chaise. Je n'insistai pas.

 Je jouais la carte de l'indifférence avec elle. Mais plus je l'ignorais, plus elle forçait son regard sur moi, comme pour me faire réagir. Elle était dans la constante provocation.

Une semaine après la directrice, dès mon arrivée à l'école le matin, s'adressa à moi, en salle des maîtres en catimini :

-   Il faut que je te parle, Betty, la maman de Fatima a fait un courrier à l'inspecteur. Il va vouloir te rencontrer, ça sent mauvais, moi je te dis !

Je fus saisie d'une vive émotion que je tentai, sans succès, de réprimer.

Je lui répondis que c'était sûrement à propos de la discussion que nous avions eue au sujet de sa fille, à la sortie, et qu'elle avait fait montre d'une grande agressivité à mon égard.

Martine m'interrogea ensuite, sur le déroulé des faits, et je lui racontais tout en détail quand nous nous retrouvâmes dans son bureau. Elle s'était montrée très disponible et je l'avais eue aussi plusieurs fois au téléphone, nos échanges semblaient sereins et semblaient constructifs.

La maman lui aurait dit que je l'aurais poussée au fond de la classe avec sa chaise. Alors que c'était sa chaise seulement que j'avais poussée, et non pas elle. C'est une évidence.

Deux ou trois jours plus tard, je me présentai avec Martine chez l'Inspecteur mais également avec mon représentant syndical.

La veille j'avais discuté beaucoup de temps au téléphone pour lui expliquer l'affaire mais aussi lui raconter tout mon parcours, sans omettre toutes mes difficultés antérieures. Il avait été rassurant ; m'avait encouragée à ne pas m'inquiéter, qu'il y avait sûrement un malentendu.

Le lendemain, mon supérieur Monsieur Leroy me reçut dans son bureau, chaleureusement.

- Bonjour, Madame, comment allez-vous ?

- Ça va, enfin, non cela ne peut pas aller bien, je viens de perdre

  mon père.

Mon visage était larmoyant, écarlate, sous l'effet de la tristesse.

Aucune condoléance de sa part. Il resta impassible.

- Vous savez pourquoi, vous êtes ici, aujourd'hui ?

- Bien sûr, il y a eu une lettre.

- Oui, effectivement, eh bien Madame, il est de mon devoir de vous

  lire cette lettre.

Ce qu'il fit aussitôt.

Le contenu de la lettre était diffamatoire, ce que je lui dis, je plaquai

mes mains sur mes oreilles pour faire mine de ne pas entendre.

- Non, arrêtez ! Stop ! C'est un tissu de mensonges, je ne peux pas

  écouter cela, ce n'est pas possible !

- Madame je dois continuer, laissez- moi finir !

Dans sa missive, la maman de Fatima, affirmait que je ciblais toujours

sa fille », que « j'avais une très mauvaise réputation dans l'école », que

« personne ne m'appréciait même pas mes collègues », que je l'aurais

« envoyée violemment au fond de la classe ». Elle renchérit : j'allais « jeter les élèves par la fenêtres » et que je voulais « me suicider » !

Ces propos étaient inaudibles pour moi ! J'étais sidérée, très en colère ! Comment peut-on mentir à ce point ! Elle m'avait calomniée.

J'étais toute ébranlée, toute rouge, tremblotante, en état de panique. Je répondis à l'inspecteur que je ne pouvais pas tolérer cela qu'il fallait que je porte plainte pour diffamation. Comment garder son calme face aux velléités que cette femme me prêtait !

- Faites comme bon vous semble. Me dit-il, sans aucune émotion.

Il poursuivit :

- On dit aussi que vous lancer des choses dans la classe ? Est-ce vrai ?
- Pardon ! Lancer des choses ?
- Oui, c'est ce qu'on dit, vous n'avez donc jamais envoyer ces objets, sur les enfants ?
- Je ne comprends pas, c'est une plaisanterie ou quoi, c'est quoi cette histoire ? Ce n'est pas possible !

Encore un acte dont on m'accusait, j'étais sidérée. Qui était ce « on » ?

Après mure réflexion, je vois peut-être à quoi il pouvait faire allusion. Il m'est arrivé, en effet, de « lancer » des papiers, dans la poubelle toute proche, des stylos, des crayons cassés, souvent du matériel, que je saisissais de la main des élèves parce qu'ils jouaient ou se salissaient avec. Les élèves auraient donc déformé mon geste dans leur esprit. Je « jetais » ces objets à la poubelle et je ne les « lançais » pas dans la classe. Je ne vois pas d'autre explication à ce jour. J'aurais dû être plus prudente, au lieu d'agir dans la précipitation.

Et j'ajoutai :

- Comment vous pouvez croire que je puisse m'en prendre physiquement à un enfant !

- Donc vous voulez dire que cette dame ment ? C'est ça ? reprit-il

- Bien sûr qu'elle ment, comment j'aurais pu dire ou faire des choses pareilles, ce n'est pas ma façon de parler ! Je ne parle jamais de la mort. C'est grave quand même d'être aussi menteuse !

- Et votre directrice de l'an dernier, elle mentait, elle aussi ?

- Oui, elle ne m'aimait pas !

- Oui, c'est ça ! C'est une personne très compétente !

- Peut-être mais en tout cas, moi, elle ne m'aimait pas !

- Donc, cette femme ment, bien Madame, je ne demande qu'à vous croire, mais il y a toujours quelque chose de vrai dans ce que disent les enfants. Vous avez entendu, cette maman ne demande rien, elle veut juste que vous changiez d'attitude avec sa fille, elle ne souhaite pas changer de classe, il n'en est pas question. Il faut la rassurer.

« Rassurer », comme si sa fille était en péril dans sa classe avec moi.

- Mais je répète, je m'inscris en faux, ce n'est pas possible !
- D'accord Madame, je ne demande qu'à vous croire, mais il y a une autre lettre.
- Une autre lettre ? Comment ça, une autre lettre ?

Le contenu de ce second courrier n'était pas diffamant mais accablant. Ce qui me choqua, au plus haut point, c'était que la maman en question répétait mon nom de famille au début de chaque phrase comme si elle voulait le souiller d'une anaphore et par là même écorner mon image.

- Madame J. s'en prend toujours à ma fille !
- Madame J. fait exprès d'effacer les calculs et d'en écrire d'autres pour que ma fille se   trompe.
- Madame J. ne fait pas sport depuis un mois. Il faut que les enfants fassent du sport, c'est important le sport pour santé !

Et j'en passe …

Quand il me révéla le nom de la plaignante, la mère de Mélanie qui était au CM1, cela ne m'étonnait qu'à moitié, la mère me dévisageait souvent sans me dire bonjour en récupérant sa fille le soir.

Je ripostai :

- Mais c'est quoi cette histoire ! Ah oui je me souviens que j'ai effacé les opérations, mais c'est parce que je me suis trompée. J'ai écrit celles destinées au CM2, ce n'était pas intentionnel ! Et quant au sport, oui c'est vrai qu'ils n'en ont pas fait ces derniers temps, mais que depuis quinze jours pas depuis un mois, c'est faux. Je souffre du dos, donc gérer la séance de sport est difficile pour moi.

L'inspecteur avait été conciliant avec moi, ce jour-là, peut-être du fait que j'étais accompagnée par mon délégué syndical. En tout cas, au terme de notre échange, qui s'était révélé cordial. Il me dit :

- Je veux vous faire confiance, Madame, et si vous êtes fatiguée, il vaut mieux que vous vous arrêtiez un peu, mais voilà je vous dis il ne faut pas qu'il y ait d'autres lettres !

Je concluais par un :

- Il n'y en aura pas d'autres !

Comment pouvais-je en être certaine ? C'était ce que souhaitais en fait.

Je regrette de n'avoir pas porté à sa connaissance les propos de Fatima, s'adressant à ses camarades pendant la classe disant que sa mère était morte et une autre fois, qu'elle voulait se suicider. Je n'avais pas accordé d'importance à ses paroles funestes, à l'époque, car elles étaient antérieures à la brouille avec sa mère, et peut-être était-ce dit sur le ton de la plaisanterie, car elle était souriante. Mais était-elle en souffrance ?

Avec le recul du temps, j'ai pris un peu de distance psychologique, je me rends compte qu'elle m'avait attribué des propos qu'elle avait proférés elle-même.

En sortant du bureau de l'Inspection, je remerciai mon représentant syndical, puis j'interrogeai Martine :

- Pourquoi ne m'as-tu informée qu'il y avait une autre lettre ? J'ai été prise au dépourvu.
- Parce que tout simplement, je ne le savais pas !

Rétrospectivement, je suis prête à parier, qu'elle me mentait, elle ne pouvait pas l'ignorer. En effet, avant de se plaindre auprès de l'inspecteur, il est logique et il est d'usage de le faire au préalable auprès du chef d'établissement.

Le lendemain, mercredi, je partis déposer une main courante au commissariat pour diffamation calomnieuse encore une main courante, toujours pas de plainte.

Ne pas faire de vagues ….

Les jours suivants, se passèrent comme à l'accoutumée, avec toujours cette ambiance délétère en classe. Le comportement des élèves difficiles ne s'améliorait pas.

Fatima mentait de plus en plus. Un soir, Martine me téléphona pour me demander si j'étais bien à l'origine de ces propos :

-   Tu l'as bien cherché !
-   Tu es contente, tu as gagné tu vas voir le psy !

J'étais abasourdie, je réfutai avoir dit cela.  Bien au contraire c'était une bonne chose, pour moi et encore plus pour elle qu'elle consulte le psychologue.

Martine rétorqua, avec son calme habituel, qui était, somme toute, déconcertant :

- Bon, écoute, tu dis que tu n'as pas dit ça, ok, moi je ne suis pas dans ta classe pour vérifier.

J'aurais dû être plus méfiante envers elle. Elle ne prendrait pas position pour moi.  J'étais dans un état de pression épouvantable.

Martine s'aperçut que j'étais tourmentée et tendue, de toute façon, je ne lui avais pas caché mon état mental et elle fit une bonne chose, elle me suggéra d'aller m'entretenir avec psychologue de l'école, le même qui suivait Fatima. Elle me dit de prendre tout le temps nécessaire, et qu'elle garderait mes élèves ; un bel acte de générosité et d'humanité : m'accorder quelques minutes de son temps et me manifester une certaine empathie.

C'était une bonne idée, mais il est vrai que cela peut être vexant pour quelqu'un qu'on lui conseille de consulter un psychologue. D'ailleurs, j'ai le souvenir d'une collègue, dans une autre école, qui était désespérée car on avait prétendu qu'elle avait giflé une élève – j'ignore si c'est vrai - et à laquelle le directeur avait proposé d'aller voir un psychologue. Elle l'avait très mal pris.

Quant à moi, mon entretien avec le psychologue s'était révélé bénéfique dans le sens où il m'avait aidé à comprendre des choses et m'avait fait retomber un peu la pression. Tant et si bien que je me résolus à me faire suivre par un psychologue en ville.

Le psychologue scolaire vint me voir dans ma classe pour observer le comportement de Fatima et le climat ambiant.

Après sa visite d'une heure et demie, il me dressa un bilan rapide de la situation :  il avait trouvé les élèves un peu remuants mais m'avait complimentée sur le fait que c'était une classe qui travaillait et que je gérais bien.

Je retins de notre entretien ce conseil avisé :

Quand un enseignant félicite un élève au comportement difficile, ce que j'avais fait en sa présence, il faut se garder de lui dire : « Comme c'est intéressant ce que tu dis, ou c'est bien tu es calme aujourd'hui, c'est dommage que tu ne le sois pas tous les jours » ! En fait, il faut éviter d'évoquer les mauvais comportements passés, se contenter de valoriser l'enfant sans revenir en arrière.

J'essaie, autant que possible, de mettre en pratique son conseil.

Il me rassura en me disant qu'il devient difficile d'enseigner, passé la cinquantaine, qu'il est normal de ressentir une certaine lassitude et de la fatigue, et d'avoir moins de patience.

Un matin, dès l'arrivée en classe, Fatima vint à mon bureau et me lança littéralement son cahier de liaison sur la table. Je l'ouvris et il je vis qu'il contenait un message agressif, d'une écriture grossière, truffé de fautes d'orthographe.

-    Arrêtez de persécuter ma fille, tous les quatre matins ! Elle a recopié sa leçon comme vous lui avez demandé !

Dès la lecture de ce message, je fus saisie d'une très vive émotion, c'en était trop pour moi ! Je ne pouvais pas en supporter davantage. La coupe était pleine. Comment ça « persécuter » sa fille ? Elle avait une leçon d'histoire en retard que j'avais osé lui réclamer. Fatima était une bonne élève, mais elle mettait un temps fou à se lancer dans la tâche et à écrire donc elle avait souvent des leçons à rattraper.

Je sentais monter en moi, une tension croissante qui me déclencha une crise de panique. Elle se manifesta par des vertiges, un brouillard dans ma vision, des suffocations, des palpitations. Je crois que le terme médical c'est l'hyperventilation.

Tous les souvenirs douloureux refaisaient surface.

Il fallait, coûte que coûte, que je sorte, *illico*, de cette classe asphyxiante et anxiogène.

Ce message incisif, avait produit sur moi des répercussions émotionnelles intenses car ce qui est écrit est plus difficile à encaisser que ce qui est dit. Les écrits restent.

Ainsi, à la hâte, j'interpellai une élève afin qu'elle aille chercher un de mes collègues : Jérôme, et je quittai la classe, sans me retourner, précipitamment, en sanglotant. J'avais le souffle coupé par une crise d'asthme.

Une collègue, Eva, m'entendit et vint à mon secours. Elle tenta de me calmer et de me réconforter.  Elle se montra adorable avec moi. Elle me dit d'une voix compassée :

-    Que se passe-t-il ? Betty ?

Je ne pouvais pas cesser de pleurer et entre deux sanglots, je répétai comme un leitmotiv avec une voix étouffée :

-    Je ne lui ai rien fait, moi ! Je ne lui ai rien fait ……
-    Oui, on sait que tu ne lui as rien fait, tout le monde le sait, on te soutient, tu peux compter sur nous ! Calme- toi, vas te débarbouiller dans les toilettes, je prends ta classe.

J'allai me rincer le visage. Je m'assis quelques minutes. J'essayai de retrouver mes esprits, de reprendre mon souffle. J'étais toujours écarlate et tremblante au moment où je regagnais ma classe et j'y vis

Eva en train de gronder fortement mes élèves. Elle hurlait, elle, elle pouvait se permettre, visiblement. Elle mit en garde les enfants sur leur attitude. Elle leur dit que s'ils continuaient à se comporter de cette façon avec moi, les enseignants seraient toujours là pour me soutenir et les réprimander.

Elle s'enquit de mon état :

- Tu es sûre que tu peux reprendre la classe ? ça va ? on peut se relayer si tu veux, encore, si tu as besoin de te calmer, ne t'inquiète pas, on est là !
- Oui, ça va mieux, c'est bon, merci, merci beaucoup !
- Aucun souci, n'hésite pas !

Après cet incident, il régna un calme olympien dans la classe jusqu'à la récréation. Je descendis mes élèves et juste après être remontée, Martine vint me voir et me demanda d'une voix compatissante :

- Alors, que se passe t- il, Betty ?

Je pointai du doigt le message sur le cahier de Fatima, les mots avaient du mal à sortir, j'étais dans un état de choc émotionnel.

L'état d'esprit dans lequel je me trouvais, me rappelle ces cauchemars dans lesquels on veut s'exprimer, mais que cette situation de détresse nous en empêche, que les lèvres bougent mais que rien ne sort.

- Tu ne peux pas continuer comme ça, il faut que tu rentres chez toi et que tu ailles te reposer !

Je parvenais à peine à articuler, et d'un filet de voix, je répondis :

Je n'en peux plus…  Je ne veux pas… beaucoup de travail…, en lui montrant les tas de photocopies d'exercices sur mon bureau.

Martine insista avec calme et douceur et me pria ne pas me préoccuper de tout cela et de rentrer chez moi, que « la santé passe avant tout ». Je ne parvenais même pas à ranger mes affaires tellement je tremblais. Elle m'aida dans cette tâche, et m'accompagna jusqu'à la sortie pour s'assurer que j'allais vraiment rentrer chez moi.

Je me résolus à me porter pâle pendant 3 jours pour enchaîner avec les congés de la Toussaint.


Pendant tout mon congé, mon esprit demeurait dans la tourmente. Et pour la première fois de toute ma carrière, je n'avais pas envie de revenir en classe, j'étais trop choquée, mais prenant mon courage à deux mains, je repris mon service.

Malheureusement, les ennuis allaient continuer …

Un après-midi, alors que nous nous trouvions avec mes élèves dans la cour en train de faire une activité sportive, Martine vint à ma rencontre et me dit :

- La mère de Romain m'a téléphoné et elle s'est plainte parce que tu as dit aux élèves que tu ne ferais pas sport aujourd'hui.

J'étais très agacée mais je me contenais, au contraire, j'arborais un sourire de façade pour simuler que cela ne m'affectait pas outre mesure.

- Ah oui, elle t'a appelée pour ça, ok. Tu vois je suis là, je fais sport. J'ai mal au dos, c'est pour cela que j'ai dit ça !
- Ok, bon et bien je vais la rassurer et lui dire que vous êtes en train justement de faire du sport !

Malheureusement, même les parents qui ne m'avaient pas paru enquiquinants au premier abord, trouvaient le moyen de me contrarier.

L'attitude de Martine m'avait désappointée voire désarçonnée ; il aurait mieux valu qu'elle éconduise cette maman au téléphone et qu'elle réponde, que, si je ne faisais pas d'EPS ce jour-là, c'était mon choix, j'étais libre et j'avais mes raisons. Mais non, au contraire, elle s'empressa de rassurer les parents.

Toujours rassurer les parents …

Un autre élève allait entrer en scène, qui m'occasionnera aussi beaucoup de tracas.

Jason était un garçon gentil, à prime abord, assez bon élève, autonome mais très brouillon. Ses résultats scolaires étaient corrects. Le problème c'était son comportement. Il était très remuant. Il avait une démarche spéciale, il se déplaçait comme s'il dansait, en bousculant les autres, en les tenant par la tête, et il gesticulait sans arrêt en classe. Il ne savait pas se ranger.  Je devais souvent le remettre dans le droit chemin.

-     Jason, range- toi correctement, lâche Adel !

Un matin, je le tins par la capuche avec mon index et lui intima l'ordre d'aller se ranger. Pour marquer son opposition il fit des pas rapides et brusques je suppose qu'à ce moment précis une légère pression s'exerça sur son cou. Je retirai aussitôt ma main.

A la sortie de l'école, le père que je voyais tous les jours et avec qui je discutais souvent me dit :

- Jason, m'a dit que vous lui avez tiré sur sa capuche, je sais qu'il est dur, mais je n'aime pas qu'on fasse du mal à mon enfant !
- Oui, c'est vrai, Monsieur, je m'excuse mais je ne l'ai pas tiré par sa capuche, je l'ai juste tenu, je suis désolée s'il a eu mal mais je ne crois pas que cela soit le cas. Désolée encore.

Le père gronda son enfant devant moi, en le sommant de se calmer, il parlait fort avec ses mains.

Nous nous saluâmes, sans aucune amertume, pour ma part, en tout cas.

Les jours suivants, je continuais à voir le père aux sorties d'école, et il m'interrogeait régulièrement sur le comportement de son fils, il était très compréhensif. Il n'y avait aucun problème entre nous de communication.

Petit à petit sa présence, se faisait rare à l'école car ses horaires de travail avaient changé, et Jason rentrait tout seul chez lui.

Un matin, alors que j'étais en train d'écrire sur le tableau, et pour une raison qui m'échappe, Jason se leva pour mordre Fatima.

Je ne sais pas comment expliquer son geste peut-être, une mésentente chronique entre les deux. Il faut dire que Fatima le provoquait souvent.

A la suite, de la morsure, somme toute, superficielle, et à peine visible, Fatima éclata en sanglots. Je fis des tentatives pour la réconforter mais sans succès.  Donc, je dus envoyer Jason et Fatima chez la directrice afin de porter à sa connaissance cet incident. Je pensais que cette dernière sanctionnerait Jason, ce qui ne fut pas le cas.  En effet, elle se borna à téléphoner aux parents des élèves. Le papa de Jason dit qu'il vraiment désolé, il se confondit en excuses. Mais telle ne fut pas la réaction du papa de Fatima qui était furieux.

Il accourut à l'école pendant la pause méridienne, exigea de voir la directrice et fit esclandre, il voulait voir Jason et s'écria qu'il allait « défoncer le gosse qui avait mordu sa fille ! »

Je n'étais pas à l'école à ce moment- là et c'était une chance. Ce fut Martine qui me rapporta tout cela. Et elle avait ajouté avec une pointe d'humour, que je juge malvenu compte-tenu de la situation, qu'elle avait « dû user de ses charmes » pour calmer le père.

Quant à moi, j'étais en panique. Pendant la pause récréation, j'avais téléphoné à mon cher mari qui aussi s'affola et se précipita à l'école à 16h30 car il craignait que cet individu ne m'agresse. Il croisa la directrice et se présenta. Il expliqua la raison de sa présence.

Je pense que Martine n'avait pas apprécié car elle me dit qu'elle ne voulait plus « voir mon mari à la sortie de l'école ». Au début, je l'avais pris sur le ton de la plaisanterie, mais je crois que maintenant que j'ai cerné un peu sa personnalité, c'était plutôt sur un ton désapprobateur.

Quelques jours plus tard, compte-tenu de cet incident, l'inspecteur décida de changer de classe Fatima pour la préserver des assauts violents de Jason.

Pour ma part, j'étais soulagée de ne plus avoir cette petite dans ma classe car je n'aurais plus à affronter ses énergumènes de parents qui étaient agressifs, menteurs, voire dangereux.

Le fait que l'on me retirât un élève n'était pas une situation inédite, mais cette fois-ci, contrairement à Victorine, je l'avais bien toléré.

Ce qui m'agaçait tout de même dans cette mesure, c'est qu'elle fût prise dans l'intérêt de l'élève agressée, ce qui est logique mais pas dans le mien. J'aurais souhaité qu'on ait une petite pensée pour moi, qu'on me dise que c'était aussi pour me protéger, de cet individu, ce père d'élève, « un fou-furieux ».

L'inspecteur avait décidé qu'il ne fallait pas porter plainte contre cet individu. Il avait sous-estimé la dangerosité de cet énergumène mais je crois surtout qu'il ne désirait en faire un non-évènement.

Toujours ne pas faire de vagues….

Je ne peux m'empêcher de penser à l'éventualité où j'aurais pu me trouver dans les parages au moment où il avait menacé l'enfant ? Qu'aurait-il pu advenir de ma personne ?

L'école, est un sanctuaire où les enfants sont supposés être en sécurité. Les enseignants mettent tous les moyens en œuvre pour qu'ils le soient. Mais pour moi, c'était un théâtre de souffrance et d'insécurité.

J'avais évoqué le sujet avec Martine, le fait que j'étais blessée par ce manque de considération. Elle me répondit qu'il valait mieux que cette décision de la changer de classe fût prise dans l'intérêt de Fatima plutôt qu'elle fût la cause d'un défaut de vigilance de ma part. En un mot, j'avais de la chance, selon elle, que l'inspecteur ne m'eût pas imputé la responsabilité de l'acte de Jason. Dois-je en déduire qu'il aurait fait preuve de mansuétude à mon égard car je serais fautive ?

Quelques jours plus tard, la directrice vint chercher Fatima pour la conduire dans l'autre Cm2 qui était en fait sa classe car elle n'avait pas une décharge totale. Elle était présente dans sa classe à mi-temps. L'autre mi-temps était assuré par une jeune collègue.

Il fallait que je me débrouille seule avec les répercussions de ce changement de classe avec les élèves. Pourquoi subitement, leur camarade n'était plus en classe avec eux ? Je procédais comme avec Victorine, j'eus l'idée de motiver le départ de cette élève par une erreur dans la répartition des classes et que Fatima aurait dû se trouver dans l'autre CM2. Une erreur de « casting » en fait.

Or, les grands, n'étaient pas dupes comme ceux de CP. J'avais en effet donner cette réponse, quand on m'avait retiré Victorine et les CP m'avaient crue.

Un autre problème surgit mais qui était prévisible ; Lina réclamait aussi le changement de classe pour rejoindre sa copine.

Comme je l'ai mentionné dans son profil, Lina possédait une intelligence vive et était une très bonne élève mais, son attitude gâchait tout : elle devenait insupportable.

Elle agissait dans une logique de provocation et elle rouspétait sans arrêt. Et comme elle avait un tempérament de meneuse, elle se mêlait de tout. Elle me répondait, elle gesticulait sans cesse, elle intervenait de manière inopinée. Elle était réfractaire à mon autorité en somme.

Après mes rencontres, avec la maman ou mes recadrages, elle se calmait pendant quelques jours puis son naturel revenait au galop.

Pourtant, je n'avais de cesse de la complimenter pour son travail, de l'encourager, j'avais quelques gestes d'apaisement envers elle, je lui disais qu'elle pouvait être digne de ma confiance, elle se calmait quelques jours, mais les moments où elle faisait des crises étaient fréquents et ses instants de calme, éphémères.

En outre, comme elle avait perdu Fatima, elle s'était rapprochée de Jason et tous deux se potentialisaient dans la rébellion et j'avais encore l'impression qu'ils faisaient corps pour se liguer contre moi.

Un après-midi, pendant que nous faisions une séance de danse dans le préau, il m'arriva une mésaventure avec Lina. Pendant que je présentais une chorégraphie, elle se balançait  sur le banc, les doigts insérés dans ses lattes en bois.

Elle se mit à gémir, mais au début, pendant quelques secondes, je crus qu'elle voulait me faire une farce. Et je lui dis, un peu irritée :

-	Quelle idée t'a pris de rentrer tes doigts dans le banc !

Néanmoins, je ne tardai pas à comprendre qu'elle se trouvait vraiment dans une mauvaise posture.  Visiblement, elle s'était coincée ses doigts dans les lattes du banc.

Je tentai quelques manœuvres délicates pour extraire ses doigts, mais comme elle était grimaçante, j'eus le réflexe d'appeler la directrice, je redoutais qu'on m'accuse de lui faire du mal, ayant déjà été suffisamment échaudée par les mensonges.

Martine arriva rapidement. Elle était toujours réactive.

Je la priai de s'occuper d'elle par crainte de la toucher. Je redoutais de lui faire mal.

Martine peu à peu réussit à lui décoincer ses doigts en les manipulant délicatement. J'aurais pu le faire mais *à priori*, Lina, ne me faisait pas confiance.

Ce qui m'avait agacée , ce n'était pas tant que Lina se sente plus rassurée entre les mains de la directrice, c'est que cette dernière pendant qu'elle exerçait une pression sur ses doigts, fredonnait une ritournelle, elle l'infantilisait trop à mon goût, alors que Lina était une pré- adolescente, elle disait en substance :

-   Oh mais ces petits doigts, allez petits doigts ! ils vont sortir de là ! Oh lala !

Il ne faisait aucun doute qu'elle tenait le bon rôle. Elle avait beau jeu de la réconforter, car elle n'avait pas eu à essuyer ses impertinences. Elle n'avait pas eu à la supporter toute la journée, tout le temps de l'école. Donc il était aisé pour elle, de faire preuve patience et d'empathie. Sa position était bien plus avantageuse que la mienne.

Je trouvais vraiment son attitude malvenue et obséquieuse compte tenu du mauvais comportement et du manque de respect que Lina affichait à mon encontre.

Malheureusement, je n'étais pas au bout de mes peines.

Finalement ma séance de danse avait été très brève. Dommage ! mais ce serait partie remise. Et nous retournâmes en classe.

Au bout d'un laps de temps, je pensais qu'il serait souhaitable que je rencontre la maman de Lina pour faire le point.

Celle-ci se présenta un matin souriante, respectueuse, agréable.

Dès que je dis à Lina que je voulais m'entretenir avec sa mère et qu'elle devait nous attendre dans l'autre pièce, elle contesta d'autorité disant qu'elle voulait assister à notre conversation.

Elle s'imposa et me dit sans vergogne :

-   Je veux être là pour écouter ce que vous allez dire à ma mère, parce que ma mère, elle sait pas, elle se laisse faire, elle dit rien, elle va se faire avoir, elle est trop gentille !

La mère m'implora de son regard donc je fis entrer Lina à contre-cœur.

Je commençai par complimenter Lina pour son intelligence puis j'expliquai en quoi son comportement posait problème : elle importunait ses camarades, elle me dérangeait. Cela n'impactait pas encore ses résultats, mais si son attitude ne s'améliorait pas, il aurait pu y avoir des incidences sur son travail scolaire.

La mère écoutait attentivement, elle hochait de la tête d'un air approbateur, elle ne dit rien par contre, Lina entra dans une rage folle, sa mère semblait boire ses paroles tout en restant silencieuse.

Lina occupait tout l'espace-temps. Elle s'agitait, elle pleurait tout en parlant vite avec une voix oppressante et se faisant, elle m'envoya tout son courroux à la figure :

- Je vous aime pas, je veux changer de classe, pourquoi elle a changé de classe Fatima ? c'est toujours moi, aux autres vous dites rien, et des fois vous me dites pas bonjour le matin, et vous me parlez mal …. Quand je me suis coincée les doigts vous m'avez dit que j'avais fait exprès ….
- Je n'ai pas dit que tu l'avais fait exprès mais que c'est arrivé parce-que tu remues trop !

J'en oublie. Elle était insolente et s'arrangeait avec les faits.

A chaque fois que sa mère tentait d'intervenir, elle lui coupait la parole. Et elle répétait inlassablement qu'elle voulait changer de classe parce qu'elle ne m'aimait pas. En outre, elle reprenait les calomnies de la mère de Fatima.

Tout en réprimant ma colère, je répondis avec tempérance à Lina. Voici l'essentiel de ce que je lui dis sans compter ses multiples interruptions :

-   Ce n'est pas grave si tu ne m'aimes pas, je ne t'en veux pas, tu n'es pas obligée de m'aimer, je n'ai pas à t'aimer, mon travail c'est de t'apprendre des choses. Tu vas devoir me supporter toute l'année, tu ne changeras pas de classe, c'est hors de question, on ne choisit pas sa maitresse c'est comme ça ! J'ai été assez patiente avec toi mais de temps en temps je suis obligée de te gronder, cela ne veut pas dire que je ne t'apprécie pas. Et il ne faut toujours croire ce que les gens racontent à propos de Fatima.

Je tentais l'apaisement et je poursuivis en disant qu'on allait repartir à zéro, que j'allais bien m'occuper d'elle, que je la changerais de place… bref je tentais de la rassurer. Et je pris l'engagement auprès de la mère de la revoir régulièrement.

En rentrant à l'école, elle me boudait toute la journée mais elle demeurait relativement calme.

L'après-midi de retour en classe, je fis un pas vers elle, alors qu'elle était assise et qu'elle me faisait toujours une mine renfrognée.

- Ne t'inquiète pas, Lina, on repart de zéro, hein, j'ai tout oublié, allez…

Je lui fis une douce caresse sur ses cheveux. Elle repoussa ma main d'un geste brusque et elle me lança :

- Non, moi je n'oublie pas, je n'oublierai jamais !

Que répondre à cela ? Je regagnai ma place, toute penaude et bouleversée. Je réprimais mes larmes, mais mes yeux larmoyaient quand même. Je m'évertuais à cacher mes émotions mais il fut très difficile de reprendre la classe après cet affront.


Toute cette année durant, j'avais dû dissimuler mes émotions, en employant, toutes sortes de subterfuges, me moucher, me retourner, faire mine de chercher quelque chose sous ma table, dans mon sac. Je ne tenais pas à ce que l'on me voit pleurer ou larmoyer donc j'essayais, le plus possible de réprimer mon malaise. Il ne fallait pas que mon visage trahisse mon mal-être, cela pourrait être un aveu de ma faiblesse.

Je suis sûre maintenant que le fait d'avoir contenu mes émotions, s'est révélé nuisible pour mon état mental mais aussi pour mon corps, tout endolori d'avoir accumulé énormément de tensions musculaires, et de troubles psychosomatiques.

C'était la première année, où les élèves m'avaient manqué de respect. Je me sentais dans une ambiance délétère et insécure, tant au sein de l'école qu'en classe.


Pendant la pause méridienne, je lui fis un rapport détaillé de l' entretien que j'avais eu avec Lina et sa mère, à Martine. Elle semblait décontenancée et en accord avec moi : Lina aurait dû rester dehors, du moins dans un premier temps, puis j'aurais pu la faire rentrer par la suite. A mon avis, Lina dominait sa mère mais elle n'aurait pas le dessus sur moi. Je rajoutai qu'elle s'était exprimé comme si elle voulait me « cracher son venin ».

Je pensais compter sur le soutien de Martine, du fait de nos nombreux échanges en présentiel comme au téléphone. Elle se montrait toujours disponible, douce, affable. Je m'étais rapprochée d'elle et elle me fit même quelques confidences, elle avait eu une dépression à cause d'une classe difficile et je lui avais révélé également que Cindy m'en avait « fait voir de toutes les couleurs » mais sans donner de détails.

Malheureusement, j'appris quelques temps plus tard, à mes dépens que sa gentillesse était un simulacre.

Je dus essuyer encore plusieurs heurts avec Lina. Son impertinence et son insolence, j'en avais pris l'habitude , mais un nouveau  trait de caractère venait assombrir sa  personne  : le mensonge.

Un jour, elle me narguait encore plus que d'accoutumée, elle se positionna devant moi comme pour me barrer la route alors que j'étais au tableau, je la priai d'aller regagner sa place gentiment et lui posant la main sur son dos. Aussitôt elle se jeta par terre en hurlant :

-	Aie, tu m'as poussée !

J'eus la présence d'esprit, de réagir *illico* et de lui dire :

-	Non, je ne t'ai pas poussée, tu es tombée toute seule, tu es une menteuse !

Cela faisait la deuxième fois qu'elle tombait en classe. La première fois, elle avait trébuché contre quelque chose et elle s'était foulée la cheville. Mais, cette fois-ci, elle avait l'audace de m'accuser. Elle faisait ainsi écho à son amie Fatima, mais aussi à Jason.

Je vis la maman de Lina le soir même et elle me dit très posément, sans émotion.

- Lina me dit que vous l'avez poussée.

D'emblée, je contestai, affirmant qu'elle s'était jetée par terre et que sa fille mentait. Heureusement que la maman était conciliante. J'ignore si elle m'avait crue mais en tout cas elle ne fit pas d'histoire.

Les semaines passèrent et le comportement de Lina demeurait inchangé. Je demandai à revoir la mère mais cette fois, en présence de Martine.

Alors, qu'on avait convenu ensemble que Lina n'assisterait qu'à la fin à l'entretien, Martine la fit entrer séance tenante.

Je commençai comme d'habitude à prendre la parole, et aussitôt, pour ne pas déroger à son comportement, Lina se mit à hurler et à pleurer. Elle monopolisait la parole. Toujours les « je vous aime pas » et les mêmes reproches mais en plus elle m'interpella :

- Vous m'avez traitée de grosse menteuse !
- Hein ? moi, je t'ai traité de grosse menteuse, regarde-moi bien dans les yeux, et dis- moi encore çà !
- Oui, c'est vrai !

Elle persistait et elle me tenait tête.

- Ce n'est pas vrai, j'ai dit que tu étais une menteuse, pas une grosse menteuse ! arrête de mentir ! Je n'ai pas dit le mot « grosse ».

Elle continuait à hurler, à geindre et à parler au nom des enfants de la classe :

- Mais personne ne vous aime ! Et je veux changer de classe ! Et vous avez tiré la capuche à Jason ! Et Fatima, elle dit que vous l'avez poussée !

Je n'en pouvais plus de l'écouter, je haussais la voix et lui priai, à plusieurs reprises de se taire mais elle continuait à m'agresser. C'en était trop ! J'étais survoltée, je commençais à suffoquer. Elle prenait à son compte les rumeurs proférées par certains élèves. En outre, à aucun moment, Martine ne m'avait soutenue. Au contraire, elle me chargeait :

- Arrête, Betty, laisse-la s'exprimer !

Alors qu'elle ne faisait que cela ; Martine, ayant, de toute évidence, priorisé son temps de parole par rapport au mien. J'étais ulcérée, toujours ce besoin de sacraliser la parole de l'enfant. Cependant, je parvins à rester impassible.

- C'est vrai que tu l'as traitée de menteuse ?

- Oui, c'est vrai, parce qu'elle m'a accusée  de l'avoir poussée alors qu'elle est tombée toute seule !

- Mais, tu l'as bien traitée de menteuse, n'est-ce-pas ?

J'acquiesçai.

- D'accord, mais cela ne se fait pas ! Tu ne peux pas traiter une enfant de menteuse.

Quelle indélicatesse, elle avait de s'opposer à moi devant la petite qui jubilait !

- Peut-être, mais c'est tout ce que j'ai trouvé à dire, elle m'a accusée d'un acte que je n'ai pas commis.

A la fin de l'entretien, je passai le relai à Martine, j'en avais eu assez, je ne pouvais absorber plus de provocations.  Rien avait été résolu, rien n'avait été productif. Martine pris la décision d'établir un genre de contrat moral avec Lina. Je n'en connaissais pas la teneur et cela ne m'intéressait du tout.

Tout ce que je ressentais, tout ce que je voyais, c'était que Martine avait bien caché son jeu. Sous son calme apparent, elle dissimulait de l'hypocrisie. Je me suis prise dans le jeu de sa bienveillance feinte. Au contraire, elle se révéla malveillante à mon égard et complaisante envers Lina et n'avait pas du tout démenti les rumeurs de maltraitance dont j'étais la cible.  Je n'avais pas retrouvé ma dignité.

Je vais laisser un peu de côté Lina pour reprendre Jason.

L'ambiance de la classe me pesait de plus en plus. Je ne me sentais pas à ma place. C'est peut-être cette sensation que l'on nomme le « syndrome de l'imposteur ».

L'élève qui cristallisait les tensions, après le départ de Fatima, c'était aussi Jason. Il gesticulait sans cesse, se tenait très mal, me répondait, ricanait, se moquait de moi quand ma langue fourchait par fatigue. En un mot, Il se montrait totalement irrévérencieux.  Et sa posture d'élève se dégradait.

J'avoue que dans cette classe, il y avait toujours un élève qui posait problème, les moments où je pouvais avoir un peu du répit restaient courts, pas plus de quinze minutes. Après ce laps de temps, c'était soit un élève soit un autre qui déclenchait les hostilités.

Il advint qu'un jour, alors que Jason écrivait sur son cahier du jour, je lui pris sa main pour la repositionner correctement. Soudain, il cria :

-    Aie, tu m'as tordu le bras !

Il venait de faire un mouvement de rotation de son avant- bras, intentionnellement, devant moi et il avait l'audace de m'accuser et, de surcroît devant ses camarades. Il faisait semblant de geindre. Ma réaction ne tarda pas.

- Tu as retourné ton bras tout seul !

Jason rigolait, il se moquait de moi. Mais la plupart des élèves étaient embarrassés. Je me souviens des paroles d'une élève :

- Mais la maitresse elle pleure ! Ça va maitresse ?

Lina prit immédiatement position pour son ami et claironna :

- Oh lala, ça se fait pas ! La maitresse, elle lui a tordu le bras !

Heureusement qu'il n'y eut pas de suite à cette affaire. Jason voulait me déstabiliser et il y était parvenu.


Je me souviens d'un après-midi particulièrement harassant. L'ambiance de classe était plus bruyante que d'habitude mais surtout oppressante. Je percevais Jason dans un état de nervosité et d'agitation intense. Il gesticulait, il rigolait. Il refusait de travailler et surtout il demeurait dans la complicité la plus totale avec Lina. Il se levait pour aller lui parler, mais aussi pour la taquiner. Ils jouaient un double-jeu ensemble , comme le sont souvent les enfants : amis ou ennemis. Leur relation d'amitié fluctuait.

J'étais exténuée. Je me sentais déroutée et impuissante. Mais il me fallait réagir quand même pour montrer que je n'étais pas indifférente à leur comportement et à leurs chamailleries. Alors, dans ce contexte émotionnel fort, je dis une phrase maladroite qui allait se retourner contre moi plus tard :

-    Ah vous formez un beau couple, tous les deux ! Tiens !

En fait je voulais insinuer que les deux faisaient la paire pour faire des pitreries.

Après mes propos, certains élèves s'esclaffèrent.

En outre, Jason, toujours très remuant et bruyant, se livrait à des gestes inconvenants sur son anatomie, tout en faisant des commentaires déplacés. J'étais sous le choc, très mal à l'aise, énervée et harassée, incapable d'ouvrir la bouche comme si celle-ci était cadenassée. Lina, quant à elle, l'observait et rigolait.

Le lendemain, j'allai me confier à Martine sur les difficultés que je rencontrais avec Jason et j'ajoutai qu'en plus il se livrait à des gestes suggestifs. Elle me demanda, étonnée, si j'en avais parlé à son père. Je lui répondis par la négative. Ensuite, elle me recommanda de convoquer cet homme pour l'en informer. Ce que je fis sans tarder. Il était souhaitable de dresser un bilan, étant donné que je ne le voyais plus à la sortie de l'école.

Je l'accueillis dans le bureau de la directrice qui devait arriver quinze minutes plus tard. Jason était présent assis à côté de son papa et même omniprésent.

Je m'adressai au père, posément :

-   Monsieur, j'ai voulu vous voir pour faire le point, cela fait un moment que je ne vous vois plus à la sortie de l'école, donc je vous ai convoqué. Jason se comporte mal en classe, il est très agité et me répond.

Le père s'assit dans le bureau de Martine, en face de moi, et Jason était placé à côté de lui.

Au tout début de l'entretien, le père admit, sans sourciller que son fils était difficile mais après il se ravisa : tout ceci m'était imputable, selon ses dires, car je ne l'aimais pas et que je le grondais sans raison.

Ensuite, je lui dis, à demi-mots et d'un filet de voix, car j'étais très mal à l'aise, et je ne savais pas comment le formuler, que Jason avait une attitude « sexuelle » sans rien préciser. Aussitôt, le père se sentit offusqué par mes propos et riposta en niant les faits et  en me disant qu'à la maison, la pudeur était de rigueur.

Je regrette amèrement d'avoir avisé le père de l'attitude déplacée de son fils, Jason. Là encore, j'ai le sentiment que Martine m'avait piégée, j'avais suivi son conseil malavisé. L'impudicité de cet élève était un sujet trop délicat pour l'évoquer avec son père.  C'était à Martine de s'en charger.

N'ayant pas voulu insister je stoppai court à cette conversation :

-    Bon, Monsieur, vous ne me croyez pas, ce n'est pas grave. Désolée. On n'en parle plus.

Martine vint nous rejoindre et il poursuivit. Il était irascible.

-    Vous savez, je pourrais porter plainte contre vous, parce que vous parlez de couple aux enfants, ce n'est pas bien ce que vous faites, et puis vous avez tiré sur la capuche de mon fils, je pourrais porter plainte, vous ne l'aimez pas !

Dans ces propos, l'expression « porter plainte » résonnait de manière itérative.

Encore une plainte ! Pensai-je.  Il fallait éviter qu'il mette ses menaces à exécution.

Alors, je pris une grande inspiration pour lui dire gentiment :

-   Je suis désolée Monsieur, c'est vrai que j'ai été maladroite. Mais aussi, il faut que vous sachiez que je n'ai pas à aimer mes élèves, mon rôle c'est de leur apprendre des choses, et je n'ai pas tiré la capuche de votre fils, d'ailleurs pourquoi vous remettez cela sur le tapis, je pensais qu'on avait réglé le problème. On en avait discuté, il y a plusieurs mois déjà !

Martine, écoutait attentivement puis demanda à Jason s'il avait quelque chose à dire.  Il en saisit l'occasion, c'était légitime, elle l'avait convié à l'entretien.

Jason intervint donc. Il s'exprimait avec véhémence avec des phrases saccadées par ses sanglots, je saisis, à la volée, dans ses paroles, qu'il ne m'aimait pas et que je m'en prenais toujours à lui.

Son comportement était similaire à celui de   Lina, sa camarade et amie, à la différence que lui, n'avait pas de griefs précis contre moi. C'était juste qu'il affichait sa détestation à mon égard. Il le répétait d'ailleurs : « Je  vous aime pas », en accentuant le mot « pas ».

Je calquais donc mes propos sur ceux que j'avais adressé à Lina dans la même situation.  Que pouvais- je ajouter de plus ? Mais cette fois-ci j'avais gardé mon sang froid en parlant plus bas et sans lui couper la parole.

- Je suis désolée que tu ne m'aimes pas …

Subitement, la discussion obliqua vers un tout autre sujet. Alors que, je venais de complimenter Jason sur quelques aspects de son travail et son goût pour la lecture, Martine ne trouva rien de mieux à faire de lui conseiller des livres, ce qui était totalement hors propos.

Je n'étais pas venue pour cela mais pour évoquer son comportement, une discussion dont la vacuité mettait mes nerfs à vifs. Je me contenais. J'étais sous une tension énorme. J'étais en train de perdre mon temps, rien n'avait été réglé dans son bureau, il fallait juste calmer les esprits.

Peu à peu la conversation se tarit.

Je pris le temps de raccompagner le papa et Jason jusqu'à la sortie. Pendant le trajet, qui me menait jusqu'au parking de l'école où était stationnée ma voiture, je lui fis mon *méa-culpa*. Mais je tentai aussi de me justifier en disant qu'il peut arriver de ne pas avoir les mots appropriés dans une situation de crise émotionnelle. Je lui promis que je consacrerais plus de temps à Jason, que je le placerais à côté de moi et que je n'avais rien contre lui en particulier, qu'il s'était déjà montré sage et poli et qu'il était capable d'améliorer son comportement.

J'arborai un large sourire en m'adressant à mon élève :

-      Allez Jason, on essaie de repartir à zéro, tu veux bien ?

Jason ne répondit pas mais il acquiesça de la tête. Le père insista pour qu'il me salue car il me faisait encore la moue.

Je pris la route pour regagner ma maison, satisfaite des dernières paroles échangées avec cet homme, j'avais réussi à calmer les tensions. C'est ce que je m'efforçais de croire.

Le lendemain, j'étais malade. Je dus m'absenter quelques jours. Pendant cette période, je reçus de Martine un sms me disant que « Monsieur l'Inspecteur, désire te voir, quand tu seras rétablie ».

Ce message me préoccupait et je le trouvais inconvenant et déplacé compte tenu du fait que j'étais en arrêt de maladie.  Je répondis pourtant à Martine en l'interrogeant sur le motif de cette convocation. Elle rétorqua que c'était « par rapport à la discussion que l'on avait eu avec le papa de Jason ». Je répliquai que je ne comprenais toujours pas pourquoi je devais voir l'inspecteur car selon moi tout était rentré dans l'ordre au terme de mon échange avec le papa de Jason.

Par conséquent, pendant toute la période de mon arrêt, soit une semaine, toutes mes pensées étaient occupées par la perspective de cette audience avec mon inspecteur, d'autant plus que je m'étais entretenue, au téléphone avec mon délégué syndical pour lui détailler l'affaire mais il fallait aussi revenir sur mes anciens conflits avec les parents d'élèves et il s'agissait de souvenirs douloureux.

Je n'avais même pas pu mettre à profit cette période pour reposer mon esprit. J'étais angoissée de ne pas savoir à quelle sauce j'allais être mangée.

Quand je repris du service, ce fut dans l'immédiateté que je dus rencontrer mon inspecteur, à peine le temps de souffler un peu. Je fis part de mon inquiétude à Martine et elle me répondit tout naturellement :

-   C'est normal que tu sois inquiète, c'est quand même ton supérieur !

J'insistai :

-   Tu es certaine, qu'il n'y a pas autre chose, qu'il veut me voir juste par rapport à Jason, car tu te souviens la dernière fois, tu m'avais caché qu'il y avait une autre lettre, moi, je ne veux pas être mal à l'aise et prise au dépourvu.

- Non, non, il n'y a rien d'autre, conclut-elle.


Le jour crucial, je me présentai à l'Inspection avec Martine et mon délégué syndical.  Nous nous nous installâmes autour d'une table ronde. L'inspecteur me dit :

- Bonjour, Madame, je vous revois encore, vous vous souvenez, je vous avais demandé de vous reposer, de prendre le temps, et vous voilà à nouveau, vous ne voulez pas comprendre ! Vous ne vous êtes pas arrêtée suffisamment apparemment.

Je répondis que je m'étais arrêtée un petit peu et que cela allait mieux.

- Mais, non, visiblement, cela ne va pas mieux, il y a encore des problèmes, j'ai souvent votre directrice au téléphone !

Ainsi donc, elle lui parlait de moi ! Pensais-je.

Je confirmai qu'effectivement, j'avais eu des moments de fragilité mais que cela allait mieux car que je consultais un psychologue qui m'aidait à analyser ma pratique et les surréactions des enfants dans des situations de crise.

Il salua cette initiative, poursuivi en donnant la parole à Martine. Elle se mit alors à débiter sa déferlante de mensonges contre moi avec un calme olympien déconcertant.

Cette nouvelle facette de la personnalité de Martine se révéla : hypocrite et machiavélique, elle avait, de toute évidence, bien ficelé son plan avant de venir.

Je la considère, avec le recul de mes expériences malheureuses, plus malveillante que Cindy, car cette dernière avait le mérite d'être franche alors que Martine faisait usage d'une bienveillance feinte : elle avait tout manigancé dans mon dos.

Je regrette infiniment de m'être confiée à elle au sujet du différend que j'avais dû essuyer avec les parents de Victorine, qui avait été changée de classe. Mais heureusement que j'avais fait l'économie de raconter mes problèmes dans le détail.

J'avais cru trouver en elle une alliée, mais en fait, elle s'était avérée être mon ennemie.

Je vais tenter d'énumérer les reproches qu'elle m'avait fait :

- Lors de l'entretien avec Lina, dans son bureau, la directrice de l'autre école du même groupe scolaire dont les bureaux étaient communicants, m'avait entendue m'énerver contre elle et lui demander de se taire ce qui l'aurait dérangée dans son travail.

Elle m'avait entendu, moi, évidemment, et pas la petite qui hurlait. Quelle malhonnêteté ! Il faut dire que ces deux directrices étaient amies ; ceci explique cela…

- Quand elle rentrait dans ma classe, elle trouvait qu'il y avait « du bazar », un élève par terre …un qui se lève…

Je ne comprenais pas du tout ce qu'elle voulait dire, un élève par terre, oui peut-être pour récupérer quelque chose, c'est ça « le bazar » ? Ils étaient parfois bruyants, mais il y avait des moments de calme, et j'entendais aussi les autres élèves faire du boucan dans les autres classes.

Il n'y a jamais de « bazar » dans ma classe, comme elle le prétendait. Je ne veux pas que mes élèves se lèvent sans autorisation. Il n'y a pas de cacophonie non plus car je veille à ce que chaque élève demande la permission de parler en levant la main, et j'instaure vite le haut-là, quand les paroles commencent à s'enflammer. Jamais personne ne m'avait fait cette remarque. C'est bien le contraire, je demeure très attachée au respect des règles de vie de classe.

On me reprochait dans l'école précédente que mes élèves étaient trop calmes, qu'ils ne se déplaçaient pas assez et là on me blâmait pour la situation opposée. Je ne savais plus sur quel pied danser.

-    Tu envoies, souvent, certains élèves chez tes collègues quand tu ne peux pas les gérer !

Encore de la généralisation abusive. Je lui avais confié Lina deux ou trois fois pendant à peine trente minutes, et cela voulait dire que je le faisais souvent. Alors que ma position est très claire à ce sujet, je tiens toujours à assumer mes élèves et ne rien devoir à personne.

-    Lina, avait échappé à ma surveillance sur le chemin en allant au cours de tennis.

C'était encore un mensonge, mais c'était de ma faute, j'avais été trop honnête avec Martine : je lui avais rapporté qu'elle s'était cachée à la hâte, derrière un buisson mais elle se trouvait à deux mètres de moi. Je la voyais. Lina voulait me provoquer ou peut-être tout simplement s'amuser mais pas s'échapper.

Pourquoi lui avoir raconté un fait anecdotique comme celui-ci au risque de me décrédibiliser ? Je le regrette. Je n'aurais pas dû lui faire part de mes faiblesses, mes doutes, mes inquiétudes. Elle avait utilisé mes propos contre moi.

Elle prétendait que « je parlais mal » à mes élèves.

Pourquoi ? parce que j'avais traité Lina de menteuse. Encore une généralité abusive.

- Comment, vous avez traité une élève de menteuse ! repris mon inspecteur, mais cela ne se fait pas ! vous ne vous rendez pas compte !

Je sais bien que j'aurais dû troquer le « Tu es une menteuse ! » par « Tu dis des mensonges ! » ou encore plus bienveillant : « Tu ne dis pas la vérité ». En effet, j'ai appris de mes lectures, puis de ma pratique de classe, qu'il est préférable de ne pas juger les élèves mais de juger leurs actes comme si les mauvaises postures étaient indépendantes de leur volonté.

Or, la classe était dans une situation de crise, et j'étais incapable de faire preuve d'empathie et de contrôler mes émotions et donc mes paroles.

- Tu as tiré la capuche de Jason ! renchérit-elle.
- Comment ça, vous tirez les capuches ?! En plus ! repris mon supérieur avec cette envolée vocale que je lui connaissais bien.

Encore une généralisation abusive, me justifier ne servit à rien.

A mesure de l'entretien, je me sentais dévorée par un malaise mental avec des répercussions visibles sur mon corps, mon visage écarlate, une paralysie, je ne pus souffler aucun argument en ma faveur. Je me sentais comme muselée et j'étais consternée par tous ces mensonges, et trop émue pour me défendre. Je semblais être   dans un état de sidération.

Elle poussa encore plus loin ces critiques en prétextant que l'homme de ménage se plaignait de l'état de ma classe. Or, ma classe n'était pas plus sale qu'une autre. Il est vrai que les premiers jours, le personnel de ménage s'en était plaint mais j'avais vite fait le nécessaire et je veillais tous les soirs à ce que les élèves ramassent les papiers par terre et nettoient leur table.

Tous les matins, dans un souci de respect envers le personnel du ménage, je m'informais auprès de cet homme du comment il avait trouvé l'état de la classe, et il n'avait pas l'air de s'en plaindre beaucoup et je voyais que son balai récupérait très peu de choses, à peine quelques petits papiers.

Quel intérêt avait-elle de parler du ménage à ce rendez-vous ? Quel rapport y avait - il entre le ménage et certaines relations tendues avec les parents. Cela ne rentrait pas dans le cadre de la pédagogie. Elle voulait rajouter une pièce à charge à mon dossier avec l'intention de m'enfoncer.

En réalité, le sujet de l'audience avec mon inspecteur n'était nullement Jason, ou des élèves en particulier. J'en suis persuadée maintenant : Il n'y avait aucun courrier émanant du père de Jason car dans ce cas l'inspecteur me l'aurait lu, c'est son devoir. Même dans le cas d'un appel à l'inspection ou une réclamation verbale, il m'en aurait avisée.

En vérité, non seulement, il faisait confiance à la directrice, je pense d'ailleurs qu'il l'avait missionnée pour me contrôler, mais en plus il cédait aux ragots des parents car il me dit :

- Dans cette école, vous êtes grillée ! vous ne pouvez pas empêcher les parents de parler, et même si c'est 5%, des parents qui sont difficiles, et que les autres 95% ne vous posent pas de problème.

Son argument tenait la route ; il suffit, en effet d'un ou deux parents pour démonter une réputation d'un enseignant, pour noircir une année scolaire, mais aussi d'un ou deux élèves pour bousiller une classe. D'ailleurs, on peut retrouver cette situation à grande échelle, où quelques personnes contestataires comme des lycéens, des étudiants ou des manifestants peuvent semer le chaos ou bloquer un lycée, une université ... Il s'agit donc d'une minorité de personnes qui prévaut sur la majorité et qui l'empêche, qui la dérange.

L'école est, encore plus, pour cette raison, le reflet microcosmique de la société.

Pour en revenir aux propos de mon inspecteur, celui-ci m'interrogea, à brûle-pourpoint :

- Et que s'est-il passé dans votre école précédente ?
- Rien, du tout, il ne s'est rien passé.
- Vous êtes sûre ?
- Oui. Il n'y a pas de faits.

Ma réputation m'avait donc suivie à la trace mais il avait eu la délicatesse de ne pas insister pour ne pas remuer le couteau dans la plaie, pour ne pas augmenter   mon malaise visible. A sa façon, il se montrait bienveillant. Il poursuivit :

- Madame, il y a trop de choses, des parents parlent...
- Donc, vous croyez les parents, n'importe qui peut sonner à votre porte, vous dire, Madame J. m'a fait ou m'a dit cela et vous allez les croire, ce sont des rumeurs, des mensonges ! Est-ce que vous avez reçu des lettres circonstanciées ?
- Pas besoin de lettres, je serai toujours du côté des enfants, pourquoi ne voulez- vous pas vous arrêter, vous reposer ?

- Mais j'ai encore beaucoup de projets avec les élèves…

- Vous les ferez dans une autre école. Vous ne vous rendez pas compte ! Vous avez un supérieur qui vous demande, même qui vous supplie, de vous arrêter, de vous reposer, et vous ne voulez pas ! Prenez du temps pour vous, pour poursuivre aussi votre psychothérapie….

- Ce n'est pas une psychothérapie, c'est juste que je consulte un psychologue pour m'aider.

Il me montra à nouveau son approbation dans cette démarche.

- J'ai l'impression que vous pensez subir une injustice ?

Il était clairvoyant, effectivement je lui répondis que je subissais une énorme injustice.

- Peu importe, prenez du temps pour vous, allez faire du vélo, vous promener en forêt !

Il sortit mon dossier et me dit :

- Regardez, il y a quelques années, je vous ai rendu un rapport d'inspection très élogieux, je n'y changerai pas un mot, vous êtes une très bonne enseignante, mais vous n'êtes plus la même.

Comment savait-il que j'avais changé ?  Il ne m'avait pas rendu visite depuis ma dernière inspection. Il s'était fait juste une idée en lien à ce qu'on (Cindy et Martine, sans aucun doute) lui aurait rapporté et aux quelques productions qu'il avait consultées l'an passé à l'occasion de mes demandes de redoublement.

Il insista :

-	Vous devez vous reposer. Et l'an prochain, que comptez-vous faire ? vous savez dans cette école vous êtes grillée. Pourquoi ne demanderiez- vous pas un poste de remplaçante au mouvement ?

J'étais « grillée », il avait répété ce mot, curieuse expression pour un inspecteur.

-	Non, remplaçante, hors de question, poursuivis- je, je l'ai fait en début de carrière, c'était très formateur, mais là non….
-	Réfléchissez- y en attendant, reposez-vous !
-	Bon et bien puisque vous insistez, je vais m'arrêter.
-	Voilà une sage décision.

Et nous prîmes congé, les uns des autres. Il me sembla que l'entretien avait duré une éternité, tout le temps de la pause méridienne et au-delà, plus de deux heures. Je n'avais même pas eu le temps de déjeuner. Mon mari qui s'inquiète, toujours pour moi, il est adorable et prévenant, m'apporta un sandwich qu'il me remit en sortant de l'inspection.

L'inspecteur avait dû longuement insister pour que je me décide à prendre un congé de maladie, je ne voulais pas céder à sa pression. Mais, je dus me rendre à l'évidence, j'avais besoin de souffler. J'étais bouleversée, en miettes.

Martine me demanda si j'avais l'intention de reprendre la classe l'après-midi ou commencer mon arrêt tout de suite, qu'elle comprendrait, qu'elle s'arrangerait avec les collègues. Je répondis par l'affirmative, après avoir discuté un peu avec mon délégué syndical, mais finalement je me ravisai, c'était au-dessus de mes forces. Mes élèves avaient déjà été répartis dans les autres classes.

Mon délégué syndical me dit que l'inspecteur avait été bienveillant avec moi, certes, mais, moi, j'avais un sentiment d'échec professionnel et personnel. Il ne m'avait pas lavée de tous ces médisances, mon honneur n'avait pas été sauvé. Mon image de professeure restait toujours écornée.

Je fis un bref passage dans ma classe pour récupérer mes affaires sans croiser personne et je quittai l'école pour regagner mon foyer.

Le lendemain, je reçus deux appels de mes collègues : Jérôme et Josy qui venaient aux nouvelles car ils ne m'avaient pas vue revenir l'après-midi. Puis silence radio, plus rien.

Je m'entretins aussi avec mon délégué syndical pour refaire un bilan avec lui et à ce moment précis que, je réalisai que Martine m'avait fait un coup bas. J'avais l'impression qu'elle m'avait planté un couteau dans le dos et elle avait poussé sa perfidie jusqu'au bout. Toute son attitude qu'elle m'avait montrée n'était en fait que de la bienveillance feinte.

J'assimile donc, cette dernière audience avec mon supérieur hiérarchique à un traquenard car j'y étais partie confiante même si je l'appréhendais un peu, et j'en suis revenue brisée en deux.

J'avisai mon représentant syndical, Brice, de ce sentiment que j'éprouvais mais lui ne voyait pas les choses sous ce prisme. La présence de Brice, à côté de moi, m'avait apportée du réconfort. Si j'avais été seule, à mon avis, mon supérieur aurait été virulent avec moi.

Cependant, je subodore que, le fait que mon délégué syndical ait mis en avant mon suivi psychologique, pour faire valoir ma bonne volonté, celle d'être dans une dynamique positive, avait eu comme effet de montrer cette facette de ma vulnérabilité.

Mais il ne m'avait pas prise en traite, il m'avait proposé dans parler et j'avais accepté. Brice s'était montré disponible pour de longs entretiens téléphoniques, à des heures tardives. C'était comme un homme bienveillant, patient et compréhensif. Sa voix, puis sa présence m'avaient rassurées. Mais, il est clair, qu'il n'avait pas été de taille face à mon inspecteur et je ne considère pas qu'il ait eu suffisamment de répondant.

J'avais la sensation de me retrouver, noyée, dans une situation inextricable. La seule issue qui s'offrait à moi était de demander un arrêt maladie. J'étais, ainsi, prise dans un engrenage. J'étais submergée par les sentiments de fatigue, de tristesse et d'injustice.

Cet entretien marqua la fin de mon année scolaire. Je pris la décision de consulter mon médecin qui me voyant, en larmes dans son cabinet n'hésita pas une seule seconde pour me mettre en repos un mois complet renouvelable, jusqu'à la fin de l'année scolaire, ce qui représentait trois mois, une période de repos si longue était inédite pour moi, hormis mes congés de maternité.

Il est vrai que, après mon premier arrêt de maladie, qui faisait suite à l'affront de la mère de Fatima, je n'avais pas du tout envie de reprendre du service, j'étais retournée à l'école à contre-cœur. Mais cette reprise était prématurée. J'étais encore trop fragile et épuisée.

J'aurais dû écouter mon corps qui me disait stop mais que je refusais d'entendre. Il fallait continuer coûte que coûte. Pourquoi ? pour montrer que j'étais une travailleuse acharnée ? une enseignante consciencieuse ? A quoi cela avait servi tout ça ? A rien, au contraire, cela m'avait desservi.

« Tu n'auras pas de médaille de toute façon », comme disait, souvent, mon amie Laurence. A quoi bon ?! J'avais juste réussi à fracasser ma santé mentale rien de plus.

C'était cette sacrée conscience professionnelle, qui m'impulsait le besoin de retourner travailler car je me sentais investie d'une mission digne : la transmission des savoirs.

En effet, l'enseignement c'est le métier que j'ai choisi et pour lequel je suis faite.

Il correspond, à un désir que j'avais déjà quand j'étais encore une enfant.

Ce métier a aussi façonné ma vie. Il fait partie intégrante de ma vie.

Quelle noble et enrichissante tâche est celle de transmettre ! Mais aussi celle d'éduquer des élèves afin de les former à être des citoyens.

Moi, qui adorais faire profiter mes élèves de ma culture, leur raconter des évènements du passé dans le cadre des cours d'histoire ou à l'occasion d'autres activités ; leur parler de personnages historiques et célèbres, des modes de vies, de la faune et de la flore, des pays lointains, enrichir leur vocabulaire, les initier aux sciences, aux langues étrangères, leur apprendre à lire, à écrire, à compter, à jouer, à chanter, à danser, leur donner le goût de la lecture, du travail bien fait, soigné et abouti… Tout cela je n'en avais plus envie ni la force.

J'avais dissimulé à Martine mon intention de ne plus mettre le pied dans cette école, je ne voulais plus avoir affaire avec elle, lui rendre des comptes, mais en revanche, j'avais joué franc jeu avec ma remplaçante. Par conséquent, en ce qui concerne la continuité pédagogique, elle pouvait agir à sa guise.

Ces mois d'arrêt s'étaient révélés très bénéfiques. Je m'étais vraiment reposée, j'avais pu consacrer plus de temps à ma famille et aussi à ma propre personne. Cette période de congé m'avait aussi dirigée vers un long cheminement d'introspection, celui qui m'a permis de prendre la plume et de donner naissance à cet ouvrage.

Il est probable que, mon inspecteur m'avait rendu service en insistant pour que je prenne une pause.

Compte tenu de toute cette souffrance accumulée, et sur le conseil avisé de mon inspecteur, l'idée d'être remplaçante fit son chemin et je décidai de demander ce poste au mouvement. Je l'obtins.

Quand ma directrice m'appela pour me présenter les projets de répartition pour l'année suivante, ma réponse fut laconique : j'avais participé au mouvement et les préparations pour l'année suivante ne me concernaient plus.

Quelques jours avant de quitter l'école, j'ignorais encore que j'allais demander ma mutation, j'avais envoyé un mail à la maman de Lina disant que « j'avais le plaisir de l'informer que le comportement de Lina s'améliorait et que je lui faisais confiance pour la suite ». Elle me répondit qu'elle était contente, qu'elle me remerciait et que Lina était une enfant qui « n'était pas méchante ». Je n'avais jamais mentionné le fait qu'elle était méchante. Encore un malentendu ou plutôt une déformation volontaire de mes propos.

Ma relation avec la maman de Lina et par ricochet avec la petite auraient pu probablement reprendre de nouvelles couleurs si j'étais restée dans cette école.

*A posteriori*, je relativise un peu les choses en me disant que, tout compte fait, il n'y avait, que quelques parents, ils se comptaient sur les doigts d'une main, qui m'avaient mise en défaut.

Heureusement, la plupart d'entre eux étaient aimables, cordiaux, reconnaissants pour le travail accompli. Il y avait même un papa qui m'appelait régulièrement pour se renseigner sur l'évolution du comportement et des résultats de son fils, il était très sympathique et quand je lui avais dit modestement que je ne faisais que mon travail, il m'avait répondu : « un peu plus, quand même ! »

J'en déduis qu'il suffit d'un ou deux énergumènes pour démolir toute une année scolaire. Et par le jeu du colportage qui fait son œuvre insidieusement, les rumeurs se répandent comme une trainée de poudre.

Finalement si ces ouï-dire étaient restés en l'état, cela n'aurait pas affectée outre mesure, j'aurais gardé une réputation à l'école auprès de certains parents, comme c'est le cas pour les professeurs qui restent en poste, plusieurs années durant, dans le même établissement, bonne pour la majorité, mauvaise pour une minorité d'entre eux.

Mais l'écueil, c'était les remontées au niveau de la hiérarchie.

J'ai été broyée par la hiérarchie :   la hiérarchie officielle : mon inspecteur et la hiérarchie officieuse : un conseiller pédagogique et ces deux dernières directrices d'école.

Cette hiérarchie qui a préféré prendre le parti des parents, et qui en réponse aux quelques protestations, exerça sur moi un acharnement et un contrôle assidu sur mon travail.

Cette hiérarchie, à l'image de ce conseiller pédagogique qui, en me jugeant, moi, une collègue, sur une heure de temps, m'a littéralement broyée et brisé le cours de ma carrière de professeure des écoles.

Enfin, cette hiérarchie représentée par les chefs d'établissement, qui, loin de me soutenir, m'a enfoncée plus profondément dans mon mal-être professionnel.

Les chefs d'établissement, en effet, ont le choix de faire remonter certains faits, certaines attitudes des enseignants à l'Inspection, cela dépend des affinités qu'ils ressentent vis-à-vis de leurs collègues enseignants, et moi, comme vous l'avez compris, je ne pense pas que par ces deux dernières directrices me portaient dans leur cœur, donc, le moindre semblant de faux-pas m'avait été fatal.  Ainsi, des incidents liés à  un langage inapproprié, une mauvaise attitude trop laxiste ou au contraire trop sévère , un manque de professionnalisme peuvent passés   dans les mailles du filets, quand ces profs   jouissent d'une bonne réputation. Mais à mon égard, l'équipe éducative a fait montre de la tolérance zéro.

Les remords me taraudent toujours : si je n'avais pas dit cela, si je n'avais pas fait ça, si je m'étais absentée ce jour- là ... le cours des évènements auraient pris une autre direction.

Je ne suis toujours pas parvenue à me défaire de ce sentiment d'une profonde injustice.

En outre, je porte encore le poids de ma fragilité, je regrette amèrement ne pas avoir eu les réponses idoines pour me défendre, en argumentant, en me justifiant de vive-voix, par les  propos que je livre ici, dans cet ouvrage.

J'ai été jugée sur un intervalle de temps très court, à cause de rumeurs infondées, par des collègues  qui ont passé  moins de temps en classe, que moi, qui n'ont pas assuré le service pendant près de trente ans sur le terrain en continu, et qui connaissent la pédagogie plus à travers les livres et les études qu'à travers leur expérience personnelle.

Je me suis retrouvée, en quelque sorte, sur le banc des accusés et je ne suis pas parvenue à apporter de démenti, je n'ai pas su redorer mon blason de professeure à cause de ce trop-plein d'émotions et mon tempérament introverti qui ont, sans doute, muselé mes moyens de défense. En un mot, je n'ai pas su faire le poids face à ces individus malfaisants, qui voulaient me faire courber l'échine et qui ont réussi.

Je demeure, encore consternée, aujourd'hui, par le comportement de tous ces gens qui travestissent la vérité à leur profit.


Dans ce récit, que je viens de vous livrer, il y a eu un « avant » et un « après ». Cet « après » marque mon arrivée dans cette école des Amandiers, qui a tout fait basculer.

Cependant, mon histoire ne s'achève pas là et elle va prendre, heureusement, une autre direction.

# Epilogue

Depuis que je suis « titulaire remplaçante », tout semble se dérouler à ma convenance et je peux reprendre un nouveau souffle.

Comme tous les enseignants, je suis quelquefois confrontée à quelques situations difficiles qui heureusement pour moi, ne débouchent pas vers un conflit.

Cependant, j'ai conscience que je ne serai plus capable d'encaisser les coups comme je l'ai fait et qu'à la moindre indélicatesse de la part d'un parent, la souffrance et l'angoisse reprendront leurs droits car mes plaies ne sont toujours pas cicatrisées.

En effet, même si je me sens beaucoup mieux et plus sereine dans mon travail, l'équilibre que j'ai trouvé reste précaire et je souhaite ardemment que rien ne me fera basculer.

C'est pour cela qu'encore aujourd'hui, je garde une certaine appréhension pour aborder les parents, je repousse au maximum le délai pour leur écrire et je prends beaucoup de précaution quand je m'adresse à eux ou aux élèves.  En agissant ainsi, je me positionne en situation d'évitement de malentendus qui pourraient générer des réactions éruptives puis des conflits.

Je suis fière d'être parvenue à dépasser ce cap de la « dépression » sans avoir besoin d'aide médicamenteuse. Je demeure reconnaissante envers mon psychologue, qui m'a appris à analyser mes pratiques professionnelles, ainsi que le comportement des enfants et le mien en réaction avec le leur.

Je suis tombée mais je me suis relevée grâce à cette démarche introspective.

J'ai changé mon attitude envers mes collègues, je me cantonne à des relations de travail et je reste discrète quant à mon passé, ne divulguant rien de mes expériences douloureuses.

Les personnes malveillantes, qui m'ont clouée au pilori, je souhaite, en effet, les éviter à tout prix, je ne veux plus devoir leur parler, ni même à les croiser dans les couloirs d'un établissement scolaire ou ailleurs.

A l'heure actuelle, ma nouvelle affectation, me renvoie à mes premiers pas dans ma carrière et mon long repos qui avait précédé, à un congé de maternité.

Heureusement, j'ai retrouvé la force de rebondir.

Je constate que mon statut de remplaçante présente de nombreux avantages mais aussi requiert des compétences particulières.

C'est être accueillie, la plupart du temps, à bras ouverts dans les écoles.

C'est aussi ce sentiment d'indispensabilité, pour combler ce vide laissé par l'absence d'un collègue.

C'est aussi cette adaptabilité qui me permet, par exemple, de passer de la petite section au cm2 sans transition.

C'est aussi cette disponibilité qui me permet d'être sollicitée dès 8h du matin pour une suppléance de classe à 8h30.

C'est aussi une certaine mobilité qui m'envoie de ville en ville pour découvrir de nouvelles écoles.

Depuis lors, au gré de mes remplacements, j'ai l'opportunité de faire la connaissance de nouveaux collègues, de nouveaux élèves, de m'adapter à d'autres méthodes, de me conformer à d'autres organisations ou à d'autres habitudes.

J'ai aussi la possibilité d'observer, par les traces de leur travail, comment les collègues enseignent et développer mon esprit critique à ce sujet.

Je termine mes missions avec la sensation du travail abouti ou, au contraire, quelquefois par une certaine frustration, celle de ne pas avoir disposé de temps suffisant pour poursuivre ma tâche.

Cependant, je m'efforce toujours de terminer mes projets, de ne rien laisser en plan pour l'enseignant titulaire de la classe.

Tous ces aspects confèrent à ma profession un sentiment de déjà-vu car cela me renvoie à mes débuts mais me procurent également un certain plaisir.

Je retrouve, en effet, progressivement le goût de la mission éducative qui m'a été attribuée.

C'est aussi, peut-être, une résurrection qui me renoue avec mes élans de jeunesse.


Je nourris l'espoir de lendemains semblables, sans trop d'embûches, jusqu'au bout de chemin.

N.B : Ce récit est la dernière version de mon livre, depuis je profite d'une retraite bien méritée.

Édition : BoD · Books on Demand, 31 avenue Saint-Rémy,

57600 Forbach, bod@bod.fr

Impression : Libri Plureos GmbH, Friedensallee 273,

22763 Hambourg (Allemagne)

Impression à la demande

ISBN : 978-2-3225-2635-2

Dépôt légal : mai 2024